Werner Schneyder

Partner, Paare, Paarungen

Werner Schneyder

Partner, Paare, Paarungen

Erzählungen

Langen*Müller*

MIX
Papier aus verantwortungsvollen Quellen
FSC® C014496
FSC
www.fsc.org

Schutzumschlag: Wolfgang Heinzel
Herstellung und Satz: VerlagsService Dr. Helmut Neuberger
& Karl Schaumann GmbH, Heimstetten
Gesetzt aus der 11/15 Punkt GaramondBQ
Druck und Bindung: GGP Media GmbH, Pößneck
Printed in Germany
ISBN 978-3-7844-3286-1

www.langen-mueller-verlag.de

Inhalt

Der Titel des Liedes

DER JUNGE MANN WAR ÜBERGLÜCKLICH. Er hatte die Aufnahmeprüfung an der Musikakademie mit Glanz bestanden. Die Prüfer waren übereinstimmend der Ansicht, dass es sich bei seiner Tenorstimme um ein überaus entwicklungsfähiges »Material« handle. Dieser Meinung waren – nach langem Kampf – auch seine Eltern gewesen, die einsehen mussten, dass er als Pianist in einer Hotelbar geendet hätte. Denn statt Klavier zu üben hatte er zu Hause immer nur Standards gespielt, auch Schnulzen, langsam, aber sicher ergänzt durch Operettenschlager und Arien aus Spielopern. Der zukünftige Tenor war also – nach dem landläufigen Musikbegriff – eher ein Kitschist.

Er bezweifelte selbst, es bis zu Puccini zu bringen, ausgenommen vielleicht der Rinuccio in »Gianni Schicchi«, aber von Rossini bis Donizetti, gerne auch Lortzing und, wenn's denn sein muss, Mozart, schien ihm alles möglich. Auch an allerersten Häusern. Daneben kokettierte er mit der Vorstellung, etwa in »Der Graf von Luxemburg« den René zu singen. Wenn er in seinem Elternhaus allein war, hatte er oft zur CD Nicolai Geddas »Es duftet nach Trèfle Incarnat« mitgesungen, ohne genau zu wissen, was Trèfle Incarnat genau bedeutet. Dass es sich um ein Parfum handeln musste, war ihm klar. Er imitierte die phantastische Phrasierung des berühmten Sängers schon sehr gekonnt und sah sich im Frack, in strahlendem Licht, von Frauenblicken verschlungen. Er war eben Kitschist.

Seine Glückssträhne setzte sich fort, denn am Aushang in der Musikakademie offerierte eine Baronin Sowieso ein Studentenzimmer, mit der Einschränkung »keine Instrumentalisten«. Als er sich artig vorstellte und anmerkte, er würde wohl auch mit Stimmübungen stören, sagte ihm die Dame, dass sie das nur genösse, denn ihre Gesangskarriere wäre am Singverbot im Elternhaus gescheitert.

Für Studenten und -innen jeglicher Art stellt sich das Problem der Nahrungsaufnahme, jedenfalls dann, wenn das »Hotel Mama« ein paar Zugstunden entfernt ist. Gleichzeitig geht es natürlich auch um abendliche Treffpunkte nach Oper oder Konzert, besonders um spät noch geöffnete. Da machte unseren Tenor ein Mitstudent, Sohn ungarischer

Eltern, darauf aufmerksam, dass schräg gegenüber von des Tenors Quartier ein Lokal namens »Balaton-Stuben« nicht gut, sondern auch sehr preisgünstig sei. Darüber hinaus spiele dort auch ein Primas überdurchschnittlich Geige. Der Kollege hätte von ihm schon einmal Sarasate gehört.

Die beiden Studenten gingen am selben Tag – nach einer schwachen »Carmen« – dorthin essen. Sie aßen die Balaton-Platte, die aus einem weiter nicht bemerkenswerten, gemischten Spieß bestand, aber dank großer Mengen paprizierten Reises und frischer Pommes kaum wegzubringen, also ideal war.

Schon während des Essens hatte der junge Tenor ein Ohr für die Zigeunermusik. (Er wusste, dass das Wort »Zigeuner« nicht mehr korrekt war, hielt es aber in Zusammenhang mit Musik für unverzichtbar.) Es war ein Quartett, Geige, Klarinette, Bass und Cimbal. Die drei Begleiter störten nicht, der Primas war fabelhaft. Er ging fiedelnd durch den Raum, blieb aber bei den beiden jungen Herren nicht stehen. Er nahm an, dass sie weder besondere Programmwünsche noch Geld für Entlohnung derselben hätten.

Es war schon das jeweils dritte Glas Egri Bikavér getrunken, als der Tenor aufhorchte. Nach einem Intro in Moll spielte der Geiger eine wunderschöne Melodie, die der Tenor gut kannte. Aber nicht mit diesem Intro und nicht mit dieser Weiterführung nach acht Takten. Nach kurzem Nachdenken hatte er die Lösung. Es war offenbar das Original einer Komposition, aus der die Amerikaner einen Schlager gemacht hatten. Er hatte den Song, als er in war, einige Male geklimpert. Er ging in einer Pause zum Primas und fragte, wie das Stück den hieße. Der dicke, glatzköpfige Mann in seiner zu kleinen, rot-weiß-grünen Weste war sichtlich erfreut, dass es einen Menschen, noch dazu einen jungen, gab, der sich für seine Musik interessierte. Genuschelt und mit starkem Akzent gab er Auskunft. Der Tenor verstand: »Avant d'amourir«. Ungefragt nannte der Primas auch den Komponisten: Georges Boulanger. Ja, dachte der Tenor, so muss dieses wunderbare Stück heißen: vor dem Verlieben.

Wenige Tage danach ging er zum ersten Mal mit einer Kollegin, einem lyrischen Sopran, aus. Er meinte, und er sollte recht behalten, dieses bezaubernde Mädchen würde sich in diesem ungarischen Lokal wohl fühlen. Der Primas kam diesmal sehr wohl zum Tisch und fragte, was die junge Dame denn gerne hören möchte. Die sah ihren Tenor fragend an. Und der sagte: »Avant d'amourir.«

Der Primas geigte mit großer Hingabe und legte beim Refrain den Steg hinter dem Ohr des Mädchens an. Die reagierte hochbeglückt auf das Vibrato, was den Primas glücklich grinsen ließ. Der Tenor fingerte einen, für seine Verhältnisse, großen Schein aus der Tasche. Der Primas nahm ihn reaktionslos. Aber er blieb auch danach noch eine Viertelstunde beim Tisch des Pärchens. Im Tenor keimte die Gewissheit: Es wird sich gelohnt haben. Es war nicht das letzte Mädchen, das in diesem Lokal quasi sein Vorspiel erlebte. Der Primas schätzte den diesbezüglichen Geschmack seines Stammgastes. Und als der eines Abends, entgegen seinen festen Vorsätzen, seine Stimme erhob und Kálmáns »Zwei Mädchenaugen« in den Raum schmetterte, ging das Verhältnis zum Geiger in eine Freundschaft über. Das ging über drei Jahre so. Während dieser Zeit wurden zunächst der Bassist und dann der Klarinettist eingespart. Aber auch als nur mehr ein Cimbalspieler, der mit dem unerlässlichen verminderten Akkord seine Schwierigkeiten hatte, begleitete, das Stück »Avant d'amourir« blieb das Signet des jungen Tenors, seine amouröse Kennmelodie.

Einmal, zu Silvester, war der Tenor unglücklich verliebt, also allein. Da setzte sich der Primas zu ihm und erklärte ihm seine Weltsicht:

»Wie dein Großvater mit deiner Großmutter wohin gefahren ist, wie ist er gefahren? Mit der Kutsche. Wie lang hat er gebraucht? Lang. Hat er was anfangen können. Wie fahrt er heute? Mit dem Taxi. Wie lang braucht er? Ein paar Minuten. Kann er nix anfangen. Alle Techniker gehören eingesperrt.« (Müßig zu erwähnen, dass die Vokale anders klangen als in der schriftlichen Notation.) Zu Mitternacht sagte der Primas dem Tenor einen Neujahrswunsch, den er nie mehr vergaß: »Gut essen und gut trinken im neuen Jahr!«

Nahezu zeitgleich wurden ein Gesangsstudium beendet und ein Lokal geschlossen.

Der Tenor musste nicht lange vorsingen. Er begann an einem zweitersten Haus, hatte einen Vertrag mit hinreichend Möglichkeit zu gastieren, kam also viel herum. Und er blieb seiner Vorliebe für ungarische Lokale sowohl aus musikalischen als auch aus kulinarischen Gründen treu. Längst hatte er die Erfahrung gemacht, dass es keinen Primas gab, der »Avant d'amourir« nicht konnte. Wenn er den Titel nicht kannte, musste man ihm nur die ersten zwei Takte vorsummen, da gab er schon die Tonart an den oder die Partner weiter. Selten nannte er die Tonart, denn damit hätten die Begleiter nichts anzufangen gewusst, er spielte meist nur den Grundakkord an. Und los ging's.

Es kam zum Debüt am weltberühmten Opernhaus. In Donizettis »Der Liebestrank«. Nach »Una furtiva lagrima« gab es die ersten Bravos. Nach dem Schlussapplaus ein wütendes Buhkonzert beim Erscheinen des Regisseurs. Hinter dem Vorhang kam, als alles vorbei war, ein Fernsehteam auf den Tenor zu. Eine junge, bildschöne Frau stellte ihm die Frage, wie er das fände, da hätte man einen großen persönlichen Erfolg und müsse doch einen deutlichen Misserfolg mit erleiden.

Der Tenor wusste schon Bescheid. Er erklärte der Dame ganz entspannt, Buhs gäbe es immer. Ist die Inszenierung konventionell, buhen die Progressiven, ist sie modernistisch, buhen die Traditionalisten. Während er das zum Amüsement der jungen Dame ausführte, verliebte er sich. Nach Ende des Interviews fragte er sie, ob sie ein gutes ungarisches Restaurant kenne.

»Warum wollen Sie das wissen?«

»Weil ich dort gerne, morgen oder übermorgen, mit Ihnen essen würde.«

»Morgen geht's nicht. Aber übermorgen. Gerne.«

»Aber wo?«

»Mit meinem Ex war ich sehr oft im ›Dubrovnik‹.«

»Das klingt aber nicht nach Ungarn.«

»Nein, aber die haben einen phänomenalen Geiger.«

Nein, nein, so einfach laufen Geschichten nicht. Das war natürlich nicht der alte Freund des Tenors. Das war ein junger, schöner, schwarzhaariger Virtuosenteufel. Der konnte »Avant d'amourir« mit allen Finessen der Geigenwelt anreichern. Als er, reichlich bedacht, den Tisch wechselte, sagte die Fernsehjournalistin:

»Wie heißt das Lied, bei dem Sie beinahe ausgeflippt sind?«

»Avant d'amourir.«

»Wie?«

»Avant d'amourir.«

»Was soll das heißen?«

»Vor dem Verlieben. Passt doch gut, was?«

Sie sah ihn aus ihren klugen Augen an. »Das Wort gibt's nicht! Jedenfalls nicht im Französischen.«

»Was heißt, das gibt's nicht? Das gibt's in allen Sprachen. Ich kann kein Französisch. Ich hab Italienisch gewählt. Ich bin Tenor. Auf Italienisch heißt das inamorare, von amore, auf Französisch, logischerweise von amour abgeleitet –«

»Tut mir leid, so ist es eben nicht. Das Lied muss anders heißen.«

Er wollte nicht streiten.

Er lenkte das Gespräch auf die wunderbare Presse, die er für sich persönlich hatte. Sie kamen sich näher, sie wurden per du. Er brachte sie nach Hause. Als er sie vor ihrer Haustür küssen wollte, hielt sie ihm ihre beiden Wangen hin. Das fand er völlig in Ordnung.

»Ruf mich an«, sagte sie.

Er ging teils schwer verliebt, teils völlig verwirrt ins Hotel. Denn noch hatte er keine passende Wohnung gefunden. Er kam in sein Zimmer und öffnete den Koffer, in dem alle seine Noten ungeordnet lagen. Er wusste, der Song, also die kommerzielle Bearbeitung der Komposition, musste da irgendwo drin stecken. Er suchte eineinhalb Stunden. Dann hatte er das Notenblatt in Händen. »Warum müssen Jahre vergehn« / engl. »My prayer« / frz. »Avant de mourir«.

Es rührte ihn fast der Schlag. Er ahnte mit an Sicherheit grenzender Wahrscheinlichkeit, was »mourir« heißt. Nach einer unruhigen Nacht rief er am Morgen seine alte, gebildete Mutter an.

»Mourir heißt im Französischen doch sterben, nicht?«

»Natürlich. Warum fragst du?«

Er stotterte etwas von einem Liedtext, den er zu übersetzen vorhätte.

Vor dem Sterben. Vor dem Sterben. Vor dem Sterben. Immer wieder sagte er sich das stumm vor. Dann rief er die Fernsehjournalistin an.

»Schön, dich zu hören.«

»Wundere dich nicht. Ich muss dich dringend sprechen. Heute Abend. Dringend. Im Dubrovnik. Ja?«
Sie kam zur vereinbarten Stunde, fünf Minuten danach.
Er stand vom reservierten Tisch auf, einen riesigen Strauß roter Rosen in Händen.
Bevor sie noch fragen konnte, was das soll, sagte er: »Willst du meine Frau werden?«
Während ihr Gesicht Zustimmung signalisierte, wollte sie wissen: »Wie kommst du so plötzlich auf die Idee?«
»Ich weiß jetzt, was ›Avant de mourir‹ heißt und ich bin mir sicher, dass ich vor dem Sterben keinen Tag ohne dich leben möchte.«

Sieben Jahre danach, er war schon wieder geschieden, gastierte er in einer mittleren Stadt, um seinen ersten Lenski in »Eugen Onegin« auszuprobieren. Schon vor der Vorstellung hatte er die Kollegen gebeten, mit ihm danach sein Rollendebüt zu feiern. Der Theaterportier hatte ihm ein Lokal seines Anforderungsprofils empfohlen. »Zum Czikos«.
Eine gut aufgelegte Sängerrunde plus Dirigent und Agent betrat ein sehr folkloristisches Balkanlokal, in dem ein dicker, glatzköpfiger alter Gei-

ger, begleitet von einem Pianisten, lustlos spielte. Der Geiger sah den Tenor, brach ab, sagte ein Wort zum Pianisten und begann grinsend das Lied.
Und es sollte doch »Avant d'amourir« heißen, dachte der Tenor. Das passt einfach besser.
Er war, wie gesagt, Kitschist.

poesie und wirtschaft

DER DICHTER FÜHLTE SICH ELEND. Der November und die rinnende Nase machten ihn depressiv. Mit den Mädchen lief nichts wirklich Erfreuliches. Sein Begabtenstipendium war eben abgelaufen. Die universitäre Weiterbildung war ihm verwehrt, da er das Gymnasium vorzeitig verlassen hatte. Was wiederum zur Folge hatte, dass ein Parken im Elternhaus nicht erwünscht war.

Von den Eltern. Klarerweise.

Er musste also etwas unternehmen. Ob mit der Würde eines immer noch verkannten Genies vereinbar oder nicht, durfte keine Rolle spielen. Er hörte sich um. Das heißt, er zog von Lokal zu Lokal und befragte Menschen der Szene nach Verdienstmöglichkeiten.

Er hatte ziemlich rasch Glück. Ein Freund aus Zeiten, da man noch in der U-16 gekickt hatte, war Texter einer bekannten Werbeagentur. Der erzählte, die Agentur hätte eben einen wichtigen Kunden verloren, den Lebensmittelkonzern »Allfood«.

Nicht wegen mangelnder Leistung, mangelnden Erfolgs, sondern weil die expandierende Kette beschlossen hatte, in der Zentrale eine hauseigene Werbeagentur zu begründen.
»Ich kenn den Mann, der dort Werbeleiter wird, das war nämlich der Kontakter zu unserer Agentur. Der wollte mich abwerben, aber der Gagenvorschlag hat keinen Jobwechsel gerechtfertigt. Wie ich abgelehnt hab, hat er mich gefragt, ob ich einen guten, originellen, freien Texter kenn. Ich hab gesagt, ich werde nachdenken. Ruf den an. Beruf dich auf mich. Ich hab die Mobilnummer.«
»Werbetexter?« Der Dichter überprüfte das Ausmaß der Zumutung: »Kann ich das?«
»Was gibt's da zu können? Die Argumentation schreiben dir die Marketingmenschen doch vor. Du musst das nur zuerst ins Deutsche übersetzen – du weißt, was ich meine – und dann auf den Punkt bringen. Das kannst du.«
Der Dichter sah ein, dass seine existenzielle Situation das Nichtwahrnehmen der Chance nicht rechtfertigte. Er rief den Werbeleiter von »Allfood« an und erhielt auch einen Termin.
Die Kostümierung für das Vorstellungsgespräch überlegte er sich genau. Er entschied sich für – soweit bei seiner Garderobe möglich – Seriosität mit einem unübersehbaren Schuss Künstlertum.

Dann stieg er in ein öffentliches Verkehrsmittel, erreichte die Einschüchterungsarchitektur des Konzerns, absolvierte Lift und Gänge und landete in einem Vorzimmer, chic wie dessen Verwalterin und dann, von der eingewiesen, im Büro des Werbeleiters. Dort legte er seine Nervosität sofort ab. Denn erstens war der Raum geschmackvoll eingerichtet – an den Wänden hingen witzige Cartoons – und zweitens erwies sich der Werbeleiter als smarter Mann von großem Mitteilungsbedürfnis. Bevor er nämlich den Bewerber nach dessen Qualifikation befragte, erklärte er ausführlich, wie und warum er der Konzernleitung nachgewiesen hätte, ein Werbeteam im Haus sei rationeller als die Partnerschaft mit einer Agentur. Das begründete er mit Argumenten, die zu begreifen der Dichter nicht die mindeste Lust hatte. Der dachte sich nur, so hieb- und stichfest konnten die Argumente nicht sein, wenn man sie mit derartigem Nachdruck preisen muss.
Dann kam er dran. Der Werbeleiter fragte nach seiner Qualifikation.
»Ich kann Deutsch«, sagte der Dichter wahrheitsgemäß. Ein amüsiertes »Und darüber hinaus?« war die Gegenfrage. Der Dichter holte aus der Seitentasche seiner Jacke ein schmales, leicht fleckiges Paperback-Bändchen mit seinen Gedichten heraus.

»Das soll Sie nicht verschrecken. Aber dafür habe ich einen kleinen Preis bekommen. – Ja, darüber hinaus? – Ich glaube, ich könnte jedes Argument verdichten, wenn Sie wissen, was ich meine. Und darauf kommt's doch in der Werbung an, oder?«

Der Werbeleiter hatte ein wenig in der Lyrik geblättert. Dann sagte er überraschend: »Drei Probemonate. Okay?«

Diese Reaktion wurde dem Dichter, der nun angestellter Werbetexter mit fixen Bürozeiten und regelmäßigem Einkommen mit Urlaubs- und Weihnachtsgeld war, erst nach und nach begreifbar. Der Werbeleiter war ein Freund der schönen Künste, ein Opernfan, ein Kunstgaleriebesucher. Er fühlte sich der Riege der Fraß produzierenden Kaufleute turmhoch überlegen und durch die Nähe eines Gedichte schreibenden Untergebenen geschmückt.

Der Dichter hatte Erfolg. Seine Texte wurden immer mehr zur Marke der Marke. Vor allem seine Slogans. Er entdeckte an sich die diabolische Freude, gegen seine Überzeugung zu schreiben. Denn im Angebot des Konzerns »Allfood« gab es so gut wie nichts, vor dem es den Dichter nicht von Herzen graute.

Alle diese Halbfertig- und Fertiggerichte, alle die Soßen- und Suppenbasen, all dieses eingeschweißte Zeug verursachte bei ihm geradezu Ekel. Er stammte aus einem Haus, in dem es noch eine Herrschaftsköchin gab, er war bis zum Abschied aus dem Gymnasium kulinarisch höchst verwöhnt herangewachsen. Seine Abneigung gegen den mit diesen Produkten verbundenen Lebensstil formulierte er seitenverkehrt. Er verlangte von seiner Werbeargumentation die Intensität seiner Antihaltung. Das führte zu Texten, die der Werbeleiter gelegentlich den im großen Sitzungssaal rund um den Tisch versammelten Herren erst interpretieren musste. Aber das konnte der Mann eben auch ausgezeichnet. Die nach der ersten großen Kampagne deutlich steigenden Verkaufszahlen machten die Partner Chef und Texter zum Erfolgsteam. Nach einem Jahr erhielt die Werbeabteilung von »Allfood« eine Goldmedaille der Werbewirtschaft.

Dem Dichter ging's gut. Er durfte bald auch ein bis eineinhalb Stunden später ins Büro kommen. Dem Werbeleiter aber musste es überragend gehen, denn der kaufte in regelmäßigen Abständen Bilder, deren Wert dem Dichter bekannt oder erahnbar war. Manchmal fragte er sich, welche Gage der Werbeleiter wohl hätte.

Alles ging seinen Gang. Eines Tages besuchte ein Freund aus dem Gymnasium den werbetextenden

Dichter. Der Freund war mittlerweile Erbe einer großen Druckerei und wollte von seinem Dichterfreund wissen, ob es nicht eine Möglichkeit gebe, mit »Allfood« ins Geschäft zu kommen. Der Befragte musste sagen, er hätte mit Auftragsvergaben gar nichts zu tun, würde aber die Karte der Druckerei gerne weitergeben. Nach dem verabschiedenden Händedruck drehte sich der Drucker im Abgehen noch einmal um: »Was ist bei euch üblich? Zehn?«

Der Dichter wusste nicht, was gemeint war. Der Drucker ging. Der Sinn dieser Frage sollte sich nach einem weiteren Jahr klären.

Der Werbeleiter kündigte nämlich. Er war vom Branchenleader abgeworben worden. Ins Ausland. »Ich hätte Sie gerne mitgenommen«, sagte er zum Dichter. Das klang sehr nach Bedauern.

»Aber die glauben, dass alle unsere Texte von mir sind. Den Glauben kann ich ihnen nicht nehmen.« Er strahlte seinen Texter an.

»Sie werden lachen, ich gebe es ohne Weiteres zu: Ich habe viel von Ihnen gelernt. Ich möchte mich revanchieren. Sie werden – das habe ich bei der Geschäftsleitung durchgesetzt – einen Teil meiner Agenden übernehmen. Dazu gehört die Auftragsvergabe aller unserer Druckwerke, Prospekte, Plakate und so.«

»Davon verstehe ich nun wirklich nichts«, wehrte sich der Dichter.
»Jetzt sind Sie bitte nicht verrückt!«, sagte der Werbeleiter. Und er erklärte dem Dichter ein einfaches und unentdeckbares System, sich eine Menge Geld dazuzuverdienen. Er machte ihn darauf aufmerksam, dass nahezu alle Drucksorten dieses Hauses von der Druckerei A gedruckt wurden und werden. Dies deshalb, weil drei Angebote eingeholt werden, die Druckerei A aber anrufen darf, um sich nach dem Angebot der Konkurrenz zu erkundigen. Das nennt man ihr, worauf sie noch günstiger anbietet.
»Dem Haus erwächst kein Schaden. Ich hab der Druckerei schon gesagt, ich sorge für eine friktionsfreie Fortsetzung und habe Ihren Namen auch genannt.«
Jetzt begriff der Dichter. »Und dafür gibt's zehn Prozent?«
»Bingo!«
Der Dichter war verblüfft, wie einfach alles vonstattenging. Er ging in die Druckerei, um den »Andruck« zu kontrollieren, da kam der Oberdrucker im weißen Mantel mit einem Umschlag zu ihm und sagte: »Das sind die Abzüge.«
Zu Hause nahm der Dichter – beim ersten Mal noch ängstlich, später heiter und rasch – den

Umschlag aus dem Jackett und zählte die Scheine. Es waren immer zehn Prozent.

Er war jetzt Primus inter pares innerhalb der Werbeabteilung, er hatte keinen über sich, da »Allfood« keine Notwendigkeit sah, den Posten des Werbeleiters nachzubesetzen. Der Dichter hatte aber nach einer Zeit doch das Gefühl, die Frage nach den Gründen der Kostengünstigkeit der Druckerei A könnte einmal gestellt und peinlich werden. Genau in diese Zeit fiel die Anfrage des Vertreters der Druckerei B, der im Auftrag des Direktors von B wissen wollte, ob der Dichter zu einem Kaffee in der Direktion von B bereit sei. Der bejahte.

Diese Plauderei bei Kaffee und Gebäck verlief schulmäßig.

So gab er in der Folge das unter dem Angebot von B liegende Angebot von A immer wieder einmal an B weiter, worauf B das ihre zurückzog und durch ein neues ersetzte. Der Vollzug lag bei der Einkaufsabteilung. Damit hatte der Dichter nichts zu tun.

Er fühlte sich gut. Weniger wegen der finanziellen Annehmlichkeiten, denn er hatte doch das Gefühl, ein Gauner zu sein, allerdings einer, der niemanden begaunerte, er fühlte sich gut, weil er zum ersten Mal in seinem Leben Ökonomie begriff. Er verdankte dieser Phase seines Lebens den Aufstieg zum Wirtschaftsweisen. Seine Weisheit wurde noch angereichert. Denn er las im Branchendienst die Meldung, wonach sein ehemaliger Werbeleiter bei der Konkurrenz fristlos entlassen worden sei. Wegen »Unregelmäßigkeiten« hieß es und »in beiderseitigem Einvernehmen«. Der Dichter wollte wissen, was da los war. Von dem Texterkollegen, der ihm einst zu seinem Wohlstand durch seinen Tipp verholfen hatte, erfuhr er: Der Werbeleiter hatte in der neuen Firma einen Feind. Wahrscheinlich, weil der selbst gerne den Job bekommen hätte. Der überprüfte die Offerte der Druckereien und sah, dass alle gemäß dem Auftrag »fünffarbig« kalkuliert hatten. Er ließ sich von einem Fachmann nachweisen, dass aber nur vier Farben gedruckt worden waren. Offenbar mit Einverständnis des Auftraggebers. Nachdem der Rechercheur dieses wusste, überprüfte er auch noch die Papierstärke. Da war »160-grammiges Kunstdruckpapier« kalkuliert, aber nur 140-grammiges gedruckt worden. Bei der unglaublich großen Auflage kam da natürlich eine Differenz zusammen, gegen die die alten zehn Prozent Mickymausdimension hatten. Das hatte nun dem Werbeleiter den Job gekostet. Aber das würde dem nicht weiter weh tun, denn wenn er das über längere Zeit praktiziert hätte, wäre er heute ein steinreicher Mann.

Der Dichter hatte jetzt – seiner Ansicht nach – mehr Wissen als alle Wirtschaftsuniversitäten der Welt zusammen. Ihm war ein für alle Mal klar, dass Gaunerei ein wesentliches Lebenselement von Handel und Wandel darstellt, dass das System aber aus den Fugen gerät, wenn man übertreibt.
Wenn sich eine Gesellschaft zum bedingungslosen Wachstum bekennt, bekennt sie sich gleichzeitig zum Wachstum der Korruption und macht so den Crash unausweichlich.
Jetzt wurde ihm seine persönliche Sache zu heiß. Er verspürte die große Sehnsucht nach einer Befreiung von diesem Erwerbszwang, eine Sehnsucht, die angesichts der Rücklagen gut abgestützt war. Mit ausdrücklicher Duldung seiner Freundin, der er übrigens nie etwas von seinem Nebenerwerb erzählt, der er immer etwas von gigantischen Sonderhonoraren und Prämien vorgefaselt hatte, pachtete er ein kleines Café in guter Lage. Er kündigte bei »Allfood«. Dort war man unglücklich, der Personalchef stellte eine nicht zu große, aber immerhin eine Gehaltserhöhung in Aussicht. Der Dichter erklärte geheimnisvoll, sich wieder literarischen Aufgaben widmen zu wollen.

Er wurde ein geschickter Chef eines gut gehenden Cafés. Wenn das Geschäft einmal ruhig und Platz vorhanden war, setzte er sich gerne in eine Ecke und las die Wirtschaftsseiten der Tageszeitungen und Magazine. Sein gelegentliches Auflachen war für seine Kellner nicht deutbar. Sie gewöhnten sich daran.

Er hatte auch einen guten Blick für Gäste. Er konnte sie und ihre Arten des Broterwerbes perfekt einschätzen. Einmal saß er in seinem Büro, da kam einer seiner Kellner herein und teilte ihm mit, ein Herr, ein »alter Bekannter« würde ihn gerne sprechen. Nach kurzer Beschreibung wusste er, wer das war. Er wollte sich von dem Werbeleiter von einst nicht zu seinem Wohlstand gratulieren lassen.

Ja, das muss noch gesagt werden: Der Cafetier schrieb auch hie und da noch ein Gedicht. Aber nicht mehr über Sonne, Meer und Wind, sondern eher über Müllberge und Klimakatastrophen.

zimmer 87

»PREGO, GEBURT, ADRESSE, UNTERSCHRIFT«, sagte der Rezeptionist zum neuen Hotelgast. »Nur beim ersten Mal.«
Der Rezeptionist war mit dem Gast nahezu gleichaltrig, also eher jung, rund um die dreißig vielleicht, ein feingliedriger, eleganter Italiener, dessen Akzent mit einem nahezu perfekten Deutsch eine wunderbare Sprachmelodie ergab.
Der Gast füllte den Meldeschein aus, der Rezeptionist rief einen Boy herbei und sagte: »Für den Signore Conte Zimmer 87.«
Der Gast, schon im Abgehen, drehte sich um und stellte richtig: »Ich bin kein Conte.«
»Aber …«, der Rezeptionist verwies mit einem Frageblick auf den Meldezettel.
Der Gast begriff.
»Sie meinen, wegen dem ›von‹? Ja, ich heiße so. Es ist mir einerseits peinlich, andererseits habe ich gemeint, es schadet nichts, ich bin nämlich Schauspieler.«

»Ich weiß, Signore Conte.«
Der Gast resignierte zunächst und bezog sein Zimmer in dem keineswegs erstklassigen, aber doch sehr angenehmen Hotel. Er würde es – mit Unterbrechungen – für ein Jahr und, falls seine Fernsehserie verlängert würde, wohl auch darüber hinaus bewohnen.
Das Hotel in dieser Film- und Fernsehstadt war ihm von Kollegen empfohlen worden. Es lag in jeder Hinsicht günstig, Verkehrsanbindungen, gastronomische Infrastruktur, Parknähe, alles perfekt. Was aber das Entscheidende für seinen Entschluss, es zu wählen, war: Erfahrene Kollegen hatten ihm erzählt, dieses Hotel wäre das diskreteste weit und breit. Niemals würde ein Journalist von irgendeiner Ankunft oder Abreise informiert werden, niemals würde er erfahren, welche Dame und welcher Herr zufälligerweise zu gleichen Zeiten in diesem Haus wohnten, niemals würde dieses Hotel verschulden, dass die in den Journalen dargestellte Monogamie dieser oder jener Szenefigur keiner näheren Überprüfung standhielte. Das war für den Gast der wichtigste Anreiz gewesen, denn der war zwar schon seit seinen Anfängerzeiten in einer fixen Bindung, litt unter dem Vokabel »fix« aber seit einiger Zeit und nahm sich fest vor, die durch diesen Karriereschritt unvermeidliche Trennung ordentlich auszunützen.

Er hatte gar kein Casting bestehen müssen. Ein vor allem in kommerzieller Hinsicht renommierter Fernsehregisseur hatte in der Agentur seine Bewerbungs-DVD gesehen und sofort gesagt: »Den habe ich gesucht.« Dieses Urteil war nicht nur wegen tadellosen schauspielerischen Vermögens, sondern vor allem auch wegen einer von einem brünetten Lockenkopf bestimmten Optik verständlich. Der junge Mann war – früher einmal hätte man gesagt – ein Beau, ohne zu vermitteln, dass ihm das bewusst war.
So war es zu verstehen, dass er in der Vorpresse zu dieser Hauptabendserie, zugleich mit bekannten jungen Kolleginnen eine große Rolle spielte. Und so war es auch zu erklären, dass der Rezeptionist von Anfang an wusste, wer der Gast mit dem »von« im Namen war.

Der berufsbedingte Aufenthalt in der Filmstadt hielt, was man sich von ihm versprochen hatte. In jeder Hinsicht. An der einen hatte das Hotel sein größtes Verdienst. Und da eben besonders der Italiener in der Rezeption. Der war in der Beurteilung, welcher Anruf weitergeleitet wird und welcher nicht, wem man sagen kann, der Gast wäre im Hause oder nicht, und was es da noch für Differenzierungen gibt, grenzgenial. Er wurde zum beiderseiti-

gen Vergnügen zu einer Art von Privatsekretär des Gastes.
Nachdem der eingesehen hatte, das »Conte« war dem Italiener nicht auszutreiben, verlangte er mit Erfolg, wenigstens das »Signore« wegzulassen. Um die Vertraulichkeit zurückzugeben, erfand er seinerseits für den, einen wunderschönen italienischen Vornamen führenden Hotelangestellten ein schlichtes »Direttore«.
Der »Conte« und der »Direttore« wurden Freunde, ohne je auch nur daran zu denken, das »Sie« in Frage zu stellen. Manchmal unterhielten sie sich auch privat. Nach Dienstschluss ging der Direttore ganz gerne noch kurz an die Bar des Hauses, und wenn es sich ergab, dass der Conte ausnahmsweise allein nach Hause kam, setzte sich der ebenso gerne dazu. So erfuhr er, dass der Direttore nun schon seit zehn Jahren fern der apulischen Heimat war und bei seinen jährlichen Besuchen etwas Trauriges feststellen muss.
»Für die bin ich kein Italiener mehr«, sagte er. »Ich weiß nicht, woran es liegt. Aber es ist so.«
Derartige Äußerungen verraten Melancholie und die wiederum schreit nach einem Glas Wein. So erfuhr der Conte eben auch, der Direttore sei seit Kindesbeinen glühender Anhänger eines der prominentesten italienischen Fußballclubs, der aber sei nunmehr

im Besitz eines der widerwärtigsten rechten Politiker des Landes, und so wisse er nicht mehr aus noch ein. »Soll ich mich freuen, wenn wir gewinnen oder soll ich dem Schwein wünschen, dass er in der ersten Runde von der Champions League rausfliegt?«
Das konnte der Conte auch nach dem dritten Glas nicht schlüssig beantworten.

Das Vertrauensverhältnis der beiden Männer steigerte sich zur Innigkeit, als der Conte eines Tages am Vormittag von einer Kollegin besucht wurde. Er war wie immer der Meinung, kein Mensch könnte die ganz locker zum Lift gehende junge Dame einer Adresse zuordnen. Er unterschätzte den Direttore. Der registrierte die gespielte Unbefangenheit der Besucherin und wusste Bescheid. Das war an diesem Tag nun von existentieller Bedeutung. Denn etwa zwanzig Minuten später kam durch die Drehtür die fixe Freundin des Conte. Ein unangemeldeter Überraschungsbesuch. Der Direttore stürzte sich auf die »Signora« und sprudelte leicht verwirrtes Zeug von einem Nachtdreh, außerhalb, bei dem Flussufer, wo der Fluss gestaut wird. Und da man dann die Morgenstunden mitdrehen muss, hätte ihm der Conte gesagt, das Team würde an Ort und Stelle bleiben, er würde am Morgen im Wohnwagen ein Stündchen schlafen und dann nach dem Dreh, todmüde wie er sein wird, erst ins Hotel gebracht werden.

»Signora, das wäre doch toll, wenn Sie ihn beim Dreh überraschen. Mein Dienst ist zu Ende. Ich bring Sie hin.«

Er redete ihr sogar aus, sich »rasch noch frisch« zu machen, da er meinte, man müsse sofort fahren, um noch was vom Dreh zu sehen. Der jungen Frau schien das alles nicht sehr koordiniert, was der Italiener da von sich gab, aber sie fand es charmant und überzeugend.

Der Direttore zog sein Dienstjackett aus, sagte zu seinem Kollegen ein paar für die junge Dame unverständliche Sätze, drückte den Liftknopf in Richtung Garage und brauste mit der »Signora« davon.

Nach etwa zwanzig Minuten angeregtesten Geplauders über dieses und jenes, vor allem über die Bewunderung des Direttore für die Disziplin des Conte, parkte er den Wagen an einer Tankstelle. Seiner Beifahrerin war nicht klar warum, der Benzinstandsanzeiger teilte den Grund nicht mit.

»Scusi!«, sagte der Direttore und entschwand. Auf der Toilette rief er sein Hotel an, fragte den Kollegen, ob der das Nötige veranlasst hätte, dann atmete er tief durch.

Zum Wagen kam er mit einem Espresso für die »Signora«.

Plötzlich, bevor er wieder startete, schlug er sich mit der Hand aufs Hirn.
»Ich bin ein Idiot!«, sagte er. »Ein Idiot!«
»Warum, wenn ich fragen darf?«
»Ich habe den Tag vertauscht. Der Nachtdreh ist erst morgen. Ich bin ein Idiot.«
Er war so betroffen, dass ihn die Signora trösten musste. Das sei ja nicht so schlimm, man könne jetzt in aller Ruhe zurückfahren. Das fand der Direttore auch.
Während des Tages hatte er einmal kurz die Gelegenheit, dem Conte zu sagen, ein »geplanter Nachtdreh« am nächsten Tag solle ihn nicht unvorbereitet treffen, der müsste eben um zwei Wochen verschoben worden sein.
Das Ausmaß der Dankbarkeit des Conte muss nicht näher beschrieben werden.

Er bekam die Gelegenheit zur Revanche. Die Serie ging in das zweite Jahr, als der Conte sich nach einem halbstündigen Erholungsschläfchen für einen abendlichen Ausgang anzuziehen begann. Da klopfte es an der Tür.
»Conte, ich bin's.«
»Direttore, was gibt's?«
Der Conte öffnete, der Direttore kam – nahezu zitternd – herein.

»Ich habe ein Problem. Ich trau mich gar nicht – es ist unverschämt …«

»Also was?«

Mit einiger Mühe erklärte der Direttore, er hätte ein bezauberndes, blondes Mädchen aufgerissen, die Serviererin vom Espresso vis-à-vis. Der Conte wisse ja, dass er das so gut wie nie mache, als verheirateter Mann mit wunderbaren Zwillingen, aber diesmal sei es eben passiert und sie sei so süß und so blond und in der Stadt seien zwei Messen und ein großer Kongress und sie wohne noch bei ihren Eltern und er habe alles angerufen, was möglich ist.

»Keine Badewanne mehr frei, Conte, keine einzige Badewanne.«

Der Conte zog sein Jackett an, drückte dem Direttore den Schlüssel zu Zimmer 87 in die Hand und sagte nur: »Um vier bin ich wieder da.«

Fünfzehn Jahre danach erfuhr der Schauspieler, den der Direttore Conte genannt hatte, von einer Kollegin, das Hotel »Baselisk«, in dem die Branche doch so gerne gewohnt hätte, sei im Begriffe, in ein Wohn- und Geschäftshaus umgebaut zu werden.

Sofort fasste der Conte den Entschluss, seinen Freund anzurufen. Und genauso rasch vergaß er den Entschluss im Zuge seiner Probenarbeit. Seine

Fernsehprominenz war Vergangenheit. Er war, mit Bauchansatz und Lockenkopf nur noch neben den Ohren, zu einem ersten Charakterspieler im hohen Norden geworden. Er probte gerade den Jago. Diese Aufgabe blockierte ihn total.
Zwei Wochen darauf bekam er ein kleines Päckchen.
Er öffnete es und entnahm einen klassischen alten Hotelzimmerschlüssel »87«. Nur den. Ohne Kommentar.
Er stand starr. Seine Frau, die fixe Freundin von einst, fragte ganz unbefangen:
»Was ist denn das?«
Er sagte: »Eine Reliquie.«
Dann begann er rasch nachzudenken, wie er die Geschichte erzählen könnte, ohne Ärger zu kriegen.

Rodolfo und Mimi

BEIM »ADDIO, SENZA RANCOR« drückte sie ganz fest seine Hand. Bei dieser winterlichen Trennungsszene musste sie danach greifen, denn so ein schmerzvolles Auseinandergehen darf uns nie passieren, dachte sie. Sie saßen auf einem billigen Rangplatz in der Oper, und Giacomo Puccinis »La Bohème« entsprach ihrer Gefühlswelt.

Sie war eine Opernwahnsinnige von Kindesbeinen an. Ab dem Tag, als ihre Mutter sie in »Madame Butterfly« mitgenommen hatte und sie beim Abschied der Cho-Cho-San von ihrem Kind bitterlich weinte, war sie der italienischen Oper verfallen. Zu ihrer Ehre sei es gesagt, sie war auch sehr bald glühende Verdi-Verehrerin. Bei Wagner unterschied sie. Die Schicksale von Senta, Elsa und Isolde konnten sie in ihren Bann ziehen, was die Frauen in dem ihr todlangweiligen »Ring« erlebten, war ihr egal.

Ihr eigenes musisches Talent lag mehr im bildnerischen Bereich. So war es zu erklären, dass dieses

hübsche, musikverrückte Mädchen an der Akademie für Angewandte Kunst Design studierte.
Ihre neue und, wie sie fest glaubte, »große« Liebe hatte sie auf einer Ausstellungseröffnung kennengelernt, einer aufregenden Zusammenstellung von Gemälden und Zeichnungen zum Thema »Krieg und Kunst« aus allen Epochen. Da war ihr ein junger Mann aufgefallen, der in ein großformatiges Schlachtenbild von Delacroix starrte und sich nicht lösen wollte. Was sie nicht wissen konnte und später auch nicht mehr bedachte, war, dass das Interesse des jungen Herrn nicht so sehr künstlerische Gründe hatte, sondern historische. Er war nämlich Student der Geschichte.
Die an diesem Abend angebahnte Verliebtheit der beiden hatte alles, was dazugehört, so auch das Missionarische, das Vergnügen, den Anderen Dinge erleben zu lassen, die er noch nie erlebt hatte. Eben auch den Besuch einer Oper, denn den hatte der Student der Geschichte in seinem Leben noch nicht einmal erwogen. Jetzt ließ er sich also die Hand drücken und musste sich eingestehen, von diesem Sentiment der Musik nicht unbeeindruckt zu sein. Er war sehr froh, ihr die Programmhoheit für diesen Abend überlassen zu haben.
Was sie ihm in der Pause über das »eher Konventionelle« der Inszenierung sagte, interessierte ihn

weniger, ihre Begeisterung über die Stimmen des Paares Rodolfo und Mimi konnte er teilen, natürlich ohne Vergleichsmöglichkeiten zu haben. Noch am Bettrand bekannte er, beim Duett, als sich der Dichter und der Maler nach ihren Geliebten sehnten, mit ihnen gefühlt zu haben. Da erdrückte sie ihn mit ihren Küssen.

Am Tag darauf nahm er, nachdem sie sich in Richtung Akademie verabschiedet hatte, das Programmheft noch einmal zur Hand. Da fiel ihm eine Zeile auf: »Nach dem Roman ›Szenen aus dem Leben der Bohème‹ von Henri Murger«. Das machte ihn neugierig, denn was er in der Oper als »Handlung« gesehen hatte, war ihm nicht in allen Punkten schlüssig. Dass die Vorlage ein Roman sein sollte, konnte er sich nur schwer vorstellen. Er ging in die Buchhandlung seines Vertrauens. Dort befragte man den Computer und wurde fündig. Man müsse das als Taschenbuch lieferbare Werk bestellen, sagte man ihm, morgen wäre es da. Während am Tag danach die fleißige Kunststudentin wieder an ihrer Zukunft arbeitete, setzte er sich in das Uni-Buffet und las. Er las, wie er es als Historiker gewöhnt war, sehr gewissenhaft und speicherte. Am Abend traf man sich in der preisgünstigen und seit dem Rauchverbot nicht mehr so stinkenden Studentenkneipe.

»Weißt du, dass Rodolfo, wie er übrigens gar nicht heißt, er heißt Rodolphe, mit ›p‹, ›h‹ und ›e‹, dass er einen roten Vollbart und eine Glatze hatte?«
»Wie kommst du auf so was?« Sie war verwundert.
»Ich habe den Roman gelesen.«
»Welchen Roman?«
Er erklärte es ihr. Er sagte ihr auch, dass – also gut: Rodolfo! beim Tod der Mimi erst 24 Jahre alt war und die ganze Gesellschaft eigentlich in ihrem Alter.
Jetzt war wieder die Opernfachfrau am Zug.
»Da muss man Kompromisse machen. Wegen der Stimmen.«
»Versteh ich. Aber der Bauch …«
»Wenn einer so schön singt, übersehe ich den.«
Sie hatte überhaupt keine Lust, sich seine neu erworbenen Kenntnisse weiter anzuhören. Das merkte er aber nicht.
Er war stolz auf sein Wissen.
»Rodolfo war tatsächlich Dichter. Aber er war auch Chefredakteur einer Modezeitschrift, zeitweise sogar eines Hutmachermagazins. Es ist soziologisch interessant. Er hatte ständig kein Geld. Deshalb dichtete er auch Grabinschriften für gehobene Bürger und reimte die Lehrgedanken eines Zahnarztes.«

»Sag, willst du mich ärgern?«

»Überhaupt nicht, mein Schatz. Mich fasziniert nur der reale Hintergrund.«

»Was hat der mit der Oper zu tun? Und was heißt ›real‹? Es ist ein Roman.«

»Ja, aber ein Tatsachenbericht. Das merkst du auch beim Lesen genau.«

»Freut mich für dich.«

Er war nicht zu bremsen.

»Rodolfo lernte Mimi nicht kennen, weil sie kein Licht hatte. Sein Vermieter hatte ihn wegen Zahlungsunfähigkeit kurzfristig rausgeschmissen und das Zimmer weitervermietet. Rodolfo konnte gerade noch erbitten, seine Schreibarbeiten abholen zu dürfen. Da sah er Mimi, die Nachmieterin. Zweiundzwanzig, übrigens. Die kannte er aber schon. Die war die Ex eines Kollegen. Er durfte dann bei ihr bleiben.«

»Und der Husten? Und die kalte Hand?« Ihr Ton wurde störrisch.

»Das gibt's schon. Aber bei zwei anderen. Da hieß sie Francine. Und die hat einen Bildhauer so kennengelernt wie im Ersten Akt der Oper. Die war es übrigens, die sich immer nach einem Muff gesehnt hat.«

»Sag einmal, was bezweckst du mit deinen Weisheiten?«

»Gar nichts, Schatz, gar nichts. Aber begreife bitte, die ›Maria Stuart‹ von Schiller ist kein schlechtes Theaterstück, obwohl es historisch ein kompletter Blödsinn ist. Genauso schadet es niemandem zu wissen, dass Büchners ›Dantons Tod‹ hinten und vorne nicht stimmt.«

»Und du bist stolz drauf, dass du das weißt?«

»Ich bin nicht stolz. Ich weiß es nur gern.«

»Gratuliere!«

Zum Glück kam die kellnernde Studentin der Politikwissenschaften mit dem Essen. Das Gespräch hatte eine Pause dringend nötig. Danach begann er von Neuem.

»Weißt du, so viel begreife selbst ich, man muss für die Bühne die Geschichten komprimieren. Und da muss man klarerweise mogeln, denn der Bildhauer hat ja nie daran gedacht, seine Geliebte wegen ihrer TBC zu verlassen. Der blieb bei ihr bis zum Ende. Der Rodolfo hat ihm übrigens eine neue Freundin empfohlen.«

»Erzähl ruhig weiter.« Den Satz missverstand er.

»Ja, es ist interessant. Die Geschichte des einen Paares veredelt die des anderen. Die Entfremdung zwischen Rodolfo und Mimi hatte nämlich mit Husten gar nichts zu tun, nur mit ihrer Vorliebe für teure Fetzen, die ihre Freundinnen von den Liebhabern bekamen. Mimi hat den Rodolfo

monatelang nach Strich und Faden betrogen, sogar in der eigenen Wohnung.«
»Das weiß der Herr Mulger?«
»Murger. Henri Murger. Der schreibt, dass der Maler Marcello das dem Rodolfo erzählt hat.«
»Feine Herren.«
»Die Mimi war dann noch mit einem reichen Gymnasiasten zusammen. Der hat ihr aber in gewisser Hinsicht nicht genügt, da hat sie sich dann einen Edelmann aufgerissen. Das war auch nichts. Dann ist sie wieder zu Rodolfo gezogen. Da haben sie dann zwei Jahre lang gestritten, weil Mimi die gedichteten Seiten immer nach Preis für Hüte und Tücher berechnete. Schließlich ist sie mit einem Vicomte abgehauen. Der Rodolfo hat ihr in der Modezeitschrift ein Liebesgedicht nachgeschickt. Das hat sie im Kaffeehaus gelesen. Und sie war so gerührt, dass sie den Vicomte gebeten hat, ihr die Zeitschrift zu kaufen. Das hat er aber nicht getan. Eifersucht.«
»Was es nicht alles gibt. Schatz, ich habe heute so viel gezeichnet. Ich bin irgendwie – wir sehen uns morgen.«
Sie entschwand nach einem flüchtigen Kuss.
Der Student der Geschichte hatte das Gefühl, seiner Liebsten die Sache mit der Wahrheit der Bohème nicht richtig erklärt zu haben. Er las zu

Hause noch einmal nach, was der Maler Marcello seinem Freund Rodolfo begreiflich machen wollte: »Das war alles sehr schön, und man könnte einen hübschen Roman daraus machen. Aber die Komödie verrückter Liebesgeschichten, diese Vergeudung verlorener Tage mit der Verschwendungssucht von Leuten, die glauben, eine Ewigkeit zur Verfügung zu haben, das muss aufhören! Es ist nicht möglich, dass wir noch länger am Rande der Gesellschaft weiterexistieren. Und haben wir überhaupt eine Existenz? Diese Unabhängigkeit, diese Freiheit der Sitten, die wir so rühmen, sind sie nicht sehr mäßige Vorteile? Die wahre Freiheit besteht in der Macht, seinen Nächsten entbehren und allein existieren zu können. Ist das möglich? Nein!«

Schon interessant, wie man das Fragwürdige dieser Künstlerexistenzen in dieser Oper weggeschwindelt hat, dachte sich der Student der Geschichte. Und las begierig weiter.

»Es genügt nicht, den Sommerpaletot im Dezember zu versetzen, um Talent zu haben. Man kann sehr gut ein wirklicher Dichter oder Künstler auch dann sein, wenn man seine Füße warm hält und drei Mahlzeiten einnimmt. Wenn man ans Ziel kommen will, muss man immer den Weg der Allgemeinheit gehen.«

Diesen Marcello hätte sie – schöne Stimme hin

oder her – nicht so angehimmelt, sagte sich der Opernneuling.

Er wurde beim Lesen immer gereizter.

Er dachte, das bürgerliche Publikum genießt in der Oper den Charme der Armut, die Süße der Hoffnungslosigkeit, und die Betroffenen dürfen nicht sagen oder von mir aus singen, dass sie das ganz anders sehen.

Und – jetzt wurde der Student der Geschichte richtig wütend – warum wird dieser Satz Marcellos nicht berücksichtigt:

»Wir sind nicht erschaffen und in die Welt gesetzt worden, um unser Leben diesen vulgären Manons zu opfern.«

Dann meinte er, den sollte er doch lieber nicht zitieren, das könnte zu Missverständnissen führen.

Tags darauf ging das studentische Liebespaar in der Mittagszeit im Stadtpark spazieren. Sie hatte wohl das Gefühl, am Vorabend zu wenig offen für seine Gedankengänge und zu schroff gewesen zu sein. Daher machte sie den Fehler, ihn neuerlich zu ermutigen.

»Also, jetzt sagst du mir bitte noch, wie das mit der Mimi wirklich war.«

»Und warum?«

»Du willst es loswerden. Und mich interessiert es jetzt wirklich.«

»Ehrlich?«
»Ja! Wenn ich es dir schon sage.«
»Weißt du, ich bin ja kein Idiot. Ich habe schon begriffen, was eine Oper ist. Nur, es ist irgendwie komisch, wie anders es war. Nachdem dieser Vicomte, also ihr letzter Lover, sie rausgeschmissen hatte, war sie dann Malermodell. Der Murger schreibt nur ›für Kopf und Hände‹, aber das glaub ich ihm jetzt nicht mehr. Weil, sie hat immerhin einen Selbstmordversuch mit Bleiwasser unternommen. Dass ihre Freundin Muzette auf den Strich gegangen ist, deutet der Murger schon an. Die Mimi hat dann einen totalen körperlichen Zusammenbruch erlitten, vielleicht Magersucht, wer weiß?, und ist noch einmal zu Rodolfo und Marcello. Der Rodolfo hat ihren Anblick nicht ertragen, ist aber eine ganze Nacht neben ihrem Bett gesessen.«
Sie ging stumm neben ihm her.
»Der Schluss ist grausam. Sie haben sie ins Krankenhaus einweisen lassen. Rodolfo wollte sie – übrigens auf Drängen Marcellos – noch einmal besuchen, da erhielt er von einem Assistenzarzt die Nachricht, Mimi sei tot. Die war aber nur in eine andere Abteilung überstellt. In ihrem Bett ist eine andere Frau gelegen. Die ist gestorben. Das hat der Arzt verwechselt. Mimi hat noch eine Woche ver-

zweifelt auf Rodolfo gewartet, der ist aber nicht gekommen.
Sie hat ihm Briefe geschrieben, die hat das Krankenhaus aber gar nicht mehr weitergeleitet. Bei der endgültigen und richtigen Todesnachricht war Rodolfo geradezu erleichtert. Hab ich dir jetzt was kaputt gemacht?«
Er hatte das Gefühl, es reicht.
Ihre Antwort war nicht genau einzuordnen.
»Das kannst du nicht. Bis ich die Oper wieder einmal höre, habe ich das alles vergessen.«
Sie steuerten ein Bistro an. Da assoziierte der Student der Geschichte:
»Rodolfo und Marcello hatten ein Jahr nach Mimis Tod ihre ersten großen Erfolge. Da kam ihnen die Idee, wieder in ihr altes Billigrestaurant zu gehen und das Tagesgericht um ein paar Sous zu essen. Kurz vor dem Lokal verwarfen sie den Einfall, weil Marcello erklärte, nur mehr das ›Vorzügliche‹ zu ertragen.«
»Und das stört dich?«
»Überhaupt nicht. Nur, man muss wissen, dass die eben genau die Bürger werden, die sie vorher wahrscheinlich verachten.«
Sie blieb stehen.
»Kann schon sein. Aber vorher haben sie ein anderes Leben gelebt. Eines, das dir fremd ist. Das du

nicht verstehst. Von dem du wissen willst, was daran wahr ist. Nicht böse sein. Aber das ist nichts für mich.«
Sie küsste ihn leicht auf die Wange und ging.
Er stand starr, begriff gar nichts.
Je länger er ihr nachschaute, desto lauter wurden in seinem Kopf die niederträchtig herrlichen Melodienbögen rund um das »Addio, senza rancor«.

Hund und Igel

BEI WUNDERBARER SPÄTSOMMERSONNE arbeitete das junge Paar im Garten. Der gehörte ihnen nicht. Es war auch nur ein Schrebergarten in einer Schrebergartensiedlung. Aber die Tante war ins Krankenhaus gegangen und hatte den Neffen gebeten, auf den Garten zu schauen, bis sie wieder gesund sei. Und wenn er das sorgfältig tun würde, dann würde sie ihm den Garten auch vererben. Das war für den jungen Mann, einen Studenten der Bühnenbildklasse, noch kein Grund, Pensionistentätigkeiten auszuführen, aber in diesem Schrebergarten stand auch eine kleine Holzhütte, und die wurde für ihn und eine kleine, kapriziöse Ballettelevin zum Paradies. Denn er wohnte in einer WG, sie noch bei ihren Eltern. Also waren Garten und Hütte ein beseligendes erotisches Refugium.
Manchmal brach auch Romantik aus, als man an Zukunft dachte. Nicht konkret an Heirat, beide hatten keine Lust, die üblichen Debatten – »Wovon wollt ihr denn leben?«, »Ihr seid doch

noch so jung« u.Ä. – zu führen. Aber eine Endlichkeit ihrer Gefühle schien ihnen auch nicht denkbar.

Der Garten bestand, vom Rasenfleck abgesehen, aus zwei bejahrten Obstbäumen auf der einen und verwachsenen Rosenstöcken auf der anderen Seite. Ansonsten gab es noch ungepflegtes Buschwerk.

Sie stand elfengleich, mit Gartenhandschuhen ausgerüstet – die Tante hatte ihnen ja genau gesagt, wo alles zu finden ist – und einer Gartenschere vor den Rosen und versuchte, gemäß der telefonischen Anleitung ihrer Mutter, das Gemenge von dürren Trieben zu befreien. Er war den Pflaumenbaum ein wenig hochgeklettert, um zu klären, ob die Früchte oben nicht schon essbar und damit den Amseln zu entziehen wären.

Das blutjunge Paar war aber nicht allein. Immer wieder machte ein hin und her rennender junger Hund, ein schwarz-weißer Terrier, auf sich aufmerksam. Dessen Anwesenheit hatte eine Vorgeschichte.

Die beste Freundin der Ballettelevin, eine Gruppentänzerin schon mit Soloverpflichtung, war eines Vormittags in die Garderobe gekommen und hatte ihren Kolleginnen einen eben als Geschenk erhaltenen Hund vorgeführt, eben jenen Terrier. Die Mädchen und jungen Damen waren erwartungsgemäß begeistert von dessen Anblick. Der Buchstabe »ü« im Wort »süß« wurde gedehnt wie noch nie. Bei der Elevin ging die Begeisterung darüber hinaus. Sie verliebte sich in den Hund. Mit dem Ergebnis, dass sie ihrem Liebsten mitteilte, sie müsse auch so ein Tier haben, ihr geschiedener Vater würde ihr den Kauf sicher nicht abschlagen, ihre Mutter würde den Hund in der Wohnung sehr gerne haben, vielleicht nicht gleich, aber mit der Zeit sicher. Und hier, im Garten der Tante, den er erben würde, denn die Tante käme – das hätte er selbst gesagt – aus dem Krankenhaus »unter Garantie« nicht mehr heraus, hätte der Hund sein Paradies.

Er sagte: »Ich mag keinen Hund.«

Als sie ihm das nicht glauben wollte, erzählte er von Beobachtungen, wonach Hunde in Wohnungen arm seien, die Hundescheiße eine ewige Behelligung darstelle und er einmal den eindrucksvollen Satz gelesen hätte: »Der Hund hat den Wolf an den Menschen verraten.«

Sie sah ihn verständnislos an. Er musste also zusammenfassen: »Ich mag keinen Hund!«

Sie sagte: »Den würdest du wollen.«

Er wollte erwidern: »Das kann ich mir beim besten Willen nicht vorstellen«, kam aber nicht dazu, weil diese Zaubermaus sein Gesicht mit kleinen Küssen übersäte.

Das Thema blieb am Köcheln. Immer wieder einmal und nicht immer erheiternd. Bis eines Tages, etwa eine Woche vor diesem schönen Spätsommertag, die Ballettelevin mit Hund und Freundin auftauchte und dem geliebten Hundegegner mitteilte, ihre Freundin würde kurz mit dem Ihren, einem Tennislehrer, in der Karibik Urlaub machen. Daher hätte sie die große und nicht abzuschlagende Bitte, man möge zwei Wochen auf den Hund aufpassen, und das könnte sie einer besten Freundin nicht verweigern. Der Druck der weiblichen Wesen war zu stark. Es wurde kein Widerspruch gewagt.

Jetzt also hatte er tagelang die zugegebenermaßen entzückenden, aber zu häufigen Ausrufe seiner Liebsten anhören müssen: »Ist er nicht süß?«, »Schau, wie er dir zugeht!«

Man glaubt nicht, wie viel Gründe es gibt, mit jemandem über Hunde zu reden, der nicht über Hunde reden will. Schrecklich wird es, wenn der Hund vorübergehend unsichtbar ist und sich die Frage: »Hast du den Bimbo gesehn?« zur tragischen Gewissheit steigert: »Der Hund ist weg!!!« Die wird dann von der Vision gekrönt: »Wenn dem Tier was passiert ...« Da hilft ein sachliches »Er ist sicher hinterm Haus. Durch den Zaun kann er nicht durch« gar nichts.

»Der Zaun hat garantiert Löcher … Wenn der auf die Straße rennt … Wenn da ein Auto … Ich kann der Lisa doch nicht mehr unter die Augen …«
In diesen Momenten pflegen Hunde um die Ecke zu kommen und sich zu wundern, dass Menschen ein so lautes »Da bist du ja!« herausplärren.
Wie schon gesagt, er war auf dem Pflaumenbaum und schon ziemlich oben, da ertönte ein schriller Schrei aus einem Mädchenmund: »Liebling! Komm sofort herunter! Du musst was tun! Liebling!!!«
Der Schrei war so geschrien, dass er echt erschrak. Zuerst starrte er in Richtung Schrei und sah ein aufgelöstes, am ganzen schönen, biegsamen Körper zitterndes, hysterisches Mädchen in Jeans und transparenter Bluse. Dann schwenkte sein Blick in die von ihr fixierte Richtung. Da sah er den Hund Bimbo mit etwas spielen. Mit einem Lebewesen. Einem kleinen Lebewesen, das, ja was?, war, ach ja, natürlich, ein kleiner Igel. Den hatte der Terrier Bimbo offenbar aus dem Gebüsch geholt und massakrierte das Tier mit immer wieder kleinen Genickbissen, wohl in der Annahme, das mache auch dem kleinen Igel Spaß.
»Und was soll ich deiner Meinung nach tun?«, tönte es aus dem Baum.
»Du musst doch was machen! Das kann man doch nicht …«

Jetzt brachte sie nur mehr verzweifeltes Geschluchze heraus. Der zum Einschreiten gegen einen seiner Ansicht nach von der Natur vorgesehenen Vorgang aufgerufene junge Mann sagte:
»Da kann man nichts machen. Das ist unvermeidlich. Der Hund ist jung. Der Igel noch jünger, sonst hätte ihn die Jagdlust des Hundes nicht überlisten können. Das muss man laufen lassen.«
Er ließ sich durch ihr Geheule bei der Beobachtung des Naturschauspiels nicht beirren. Der Hund hatte große Freude an den Fluchtversuchen seines Spielgefährten. Immer wieder fing er ihn ein und ließ ihn wieder los. Doch die Reaktionen des Igels wurden ärmer und kleiner, bis er sich – zum offensichtlichen Ärger des Terriers – nicht mehr regte.
Er war tot. Nicht mausetot. Igeltot. Der prospektive Schrebergartenerbe kam unten an, besah den toten Igel, holte Spaten und Schaufel, grub an der Buschgrenze ein kleines Loch, beerdigte das Hundeopfer, trat den ausgestochenen Rasenziegel sorgsam in die Erde, die Spuren der Tragödie verwischend.
Währenddessen hatte sich die Heulerei seiner Liebsten beruhigt. Nur ein paar tiefe Atemstöße kündeten von der durchlittenen Angst.
Er wollte sie in die Arme nehmen.

»Was hätte ich denn deiner Meinung nach tun sollen?«
Die Antwort hatte mehr als einen Hauch von Aggression.
»Ja, du musst doch den Hund vor dem Igel schützen!«
Im ersten Moment begriff er nicht so recht. Dann dämmerte es ihm. Sie meint tatsächlich, ich hätte zu verhüten gehabt, dass sich der Hund, der süüüße Terrier Bimbo an den Stacheln seines Opfers verletzt.
Er fragte sie nicht, ob es so war. Er wusste es.
Während sie den unversehrten Terrier herzte und streichelte, ging er ins Holzhäuschen, legte sich übers Bett und dachte über seine Zukunft nach.
Dann erschien er wieder im Garten, wo sie mit dem Hund spielte.
Er sagte: »Der Hund kommt mir nicht mehr daher.«
Sie sagte: »Dann komm ich auch nicht.«
Er sagte: »Bitte.«

Die Stilfrage

DER PROFESSOR WAR NERVÖS WIE SELTEN. Er wollte der Frau, die da neben ihm im Auto saß, sein Haus zeigen. Das Haus, in dem die beiden – wie sagt man? – mit an Sicherheit grenzender Wahrscheinlichkeit – miteinander würden wohnen, also leben wollen. Wie würde sie das Haus finden?, fragte er sich immer wieder und meinte damit nicht die Fassade, nicht die Gründerzeitarchitektur, sondern die Inneneinrichtung. Denn die war – schwer, das richtige Wort zu finden. Der Professor hatte im Laufe der Jahre viele Urteile gehört. Von »hinreißend« bis »gewöhnungsbedürftig«, von »toll« bis »schauerlich«. Er hatte mit der Einrichtung nichts zu tun gehabt, er hatte sie aus Liebe grundsätzlich schön gefunden. Sie war das große geschmackliche Solo seiner verstorbenen Frau.
»Die Gegend ist schon einmal sehr hübsch«, hörte er die wohlklingende Stimme neben sich. Sie waren gerade in den Stadtteil eingebogen, in dem das Cottage genannte Villenviertel begann.

Diese Gegend. Es war dem Professor nicht möglich, nicht an damals zu denken.

Seine Frau war seine Studentenliebe gewesen, falsch: er ihre, denn er war mittellos, studierte mit Hilfe eines Begabtenstipendiums Vergleichende Literaturwissenschaft, während sie in ihrer Eigenschaft als höhere Tochter ein zielloses Kunstgeschichte- und Archäologiestudium betrieb. Als die beiden einander nahe- und immer nähergekommen waren, hatte er begriffen: Es würde sinnreich sein, alles, was er an kleinbürgerlichem Mief in seinem Elternhaus erfahren hatte, abzustreifen, sich von diesem Mädchen das, was man Lebensart nennen könnte, von Grund auf beibringen zu lassen. Damit kein schiefes Bild entsteht, er war kein Barbar, er konnte mit Messer und Gabel essen, aber die stilistischen Verfeinerungen des menschlichen Umgangs waren ihm neu und des Begreifens wert. So also wurde er von seiner späteren Frau in die Gesellschaft der großen Universitätsstadt, vor allem aber in ihr Elternhaus eingeführt. Die Eltern hatten ihr großes, alteingesessenes Innenstadtgeschäft mit feinsten Vorhängen und Polsterbezügen erst kürzlich an eine große Handelskette verkauft und lebten ein bestsituiertes Bürgerleben als Privatiers.

Ihre Villa war prall gefüllt mit – wohl über Generationen – ererbten und durch Zukauf ergänzten Stilmöbeln. Der dem Kleinbürgertum entstammende Student fühlte sich in diesem Mobiliar zwar deplatziert, hatte aber den größten Respekt davor. Er musste nämlich immer daran denken, dass das die Art von Mobiliar war, von der seine Mutter immer geträumt hatte. Da lagen die Teppiche übereinander, da schienen die kostbaren Kristallvasen einander den Platz streitig zu machen.
Der Professor, der er damals noch nicht war, wurde von den Eltern seiner Frau, die sie damals noch nicht war, durchaus sympathisierend geduldet, zumal es sich um einen angehenden »Akademiker« handelte, der in dieser Familie noch nicht vorgekommen war. Und als der dann auch noch summa cum laude promovierte und eine beginnende Universitätslaufbahn den Titel »Professor« ahnen ließ, war der Freude um die standesgemäße Bereicherung kein Ende mehr.
Es wurde geheiratet. Die Vorbereitungen für dieses Fest machten klar und immer klarer, dass zwischen den Eltern der Braut und dieser in allen Dingen selbst bestimmten jungen Frau deutliche Geschmacksdifferenzen bestanden. Zähe setzte sie von Einladungsliste bis Lokal- und Menüwahl ihre Vorstellungen durch. Die elterlichen Einwände,

die jungen Leute von heute wüssten einfach nicht mehr, was Stil ist, überhörte sie.
Das junge Paar zog in eine kleine, hübsche Mietwohnung. »Für den Anfang«, meinten ihre Eltern, »reicht das doch.« Damit war wohl gemeint, die Ankunft eines Kindes würde ihre Großzügigkeit zu ganz anderen Investitionen inspirieren. Das Kind kam aber nicht. Er unterrichtete an der Uni, und sie setzte sich sogar einige Male in seine Vorlesungen.

Es vergingen Jahre. Sie studierte kaum mehr, kümmerte sich im Wesentlichen um Theater- und Konzertkarten. Die Einrichtung der Wohnung für zwei war allerdings ihr Werk. Und die sah so aus, dass ihre Eltern bei den ohnehin sehr seltenen Besuchen äußerste Mühe hatten, in den Formulierungen ihres Unverständnisses taktvoll zu bleiben.
Das Pendel schlug zurück, als die Eltern knapp hintereinander starben. Die kinderlose Frau des Universitätsprofessors war Alleinerbin einer Villa in erster Lage.
Natürlich trat das Paar das Erbe an. Noch hatte man die Hoffnung auf Fortpflanzung nicht aufgegeben, noch hatten die zu Rate gezogenen Gynäkologen eine künstliche Befruchtung nicht als die

einzige verbleibende Möglichkeit attestiert. Jetzt musste sich der Professor mit ansehen, wie seine Frau mit beispielloser Konsequenz die Einrichtung des Elternhauses liquidierte, die »schönsten« Stücke möglichst rasch und oft unter Preis verkaufte. Sie glühte vor Begeisterung und spielte ihm immer gekonnt vor, wie sehr sie ihn in ihre Entscheidungen einbezog, wie sehr sie von seinem Beifall abhängig wäre. In wenigen Wochen war das Haus innen nicht mehr zu erkennen. Er traute sich kein letztes Urteil zu, aber dass es ein Wurf war, eine kompositorische Leistung, das war ihm bewusst. Er wurde virtuos im Simulieren von Begeisterung, wiewohl es nichts anderes war als Verzicht auf eine eigene Meinung. Er lieferte sich aus.
Bei der Housewarming-Party nahm er die Gratulationen mit Freude entgegen. Es wurde ausdrücklich gelobt, dass ein so seriöser, eleganter, stilsicherer Mann diese grandiosen »Verrücktheiten« so schätzt.
Drei Jahre danach war er Witwer. Es geschah am Tennisplatz. An einem späten Sommersonntagvormittag. Während eines Mixed-Doppels. Gerade hatte man nach einem langen Ballwechsel noch gelacht, weil der Professor einen todsicheren Smash neben die Linie setzte, als seine Frau taumelte und umfiel. Schon die Rettungsärzte tippten

auf ein Aneurysma. Sie hatten recht. Zehn Tage lang sah er sie noch an Schläuchen hängen, bis die Ärzte bereit waren, sie tot sein zu lassen.

Er war zum ersten Mal in seinem Leben allein. Seine Eltern gab es schon lange nicht mehr, ein älterer Bruder war als Arzt nach Australien gegangen und schrieb seit Jahren die Weihnachtskarte nur mehr auf Englisch. Nirgendwo empfand er das Alleinsein mehr als im – nunmehr seinem – Haus. Es fehlte der Mensch, der dieser Dekoration, diesem Bühnenbild einer Existenz die Authentizität verlieh. Er wusste nicht, entsprach er nicht diesem Haus, oder entsprach das Haus nicht ihm in seiner Eigenschaft als Alleinseiender?

Eine immer wiederkehrende Frage ließ ihn fast panisch werden: Darf man einen Stil erben? Darf man sich breitmachen in einem Dekor, in dem ein Mensch fehlt? Momente lang machten ihn die gnadenlose Vermengung von kostbarer Antiquität mit extremer, funktionaler Moderne und die mutwillige Raumaufteilung aggressiv. Dann fragte er sich wieder schlicht, ob er spinne.

Der Ruf aus Rom kam zum richtigen Zeitpunkt. Eine Gastprofessur. Geradezu erleichtert packte er seine Koffer. Gerne sperrte er das Haus hinter sich zu. Das Haus, das ohne diese Verstorbene für ihn offenbar unbewohnbar war. Das sagte ihm sein letzter Blick zurück.

Rom machte ihm den Beginn eines neuen Lebens leicht. Seine Vorlesungen waren ein Erfolg. Die Einbindung in private Zirkel ging spielerisch, eben italienisch, vonstatten. Und dann hatte er ein besonderes Glück. An einem dieser Abende im Kulturinstitut, an denen immer wer singen, spielen oder vorlesen muss, damit die Menschen einen Grund haben, sich zu versammeln, hörte er plötzlich eine angenehme Stimme: »Ist Ihnen auch so langweilig?«

Eine Frau. Gemessen an seinem Alter eher ein Mädchen. Eine Deutsche. Nachdem er ihre Frage bejaht hatte, kam es zum Austausch der grundlegenden Informationen. Sie war Architektin, die bei einem italienischen Star der Branche praktizierte. Sie ähnelte seiner verstorbenen Frau. Jedenfalls in der Physiognomie. Körperlich weniger. Seine Frau war der Typ der Brustschwimmerin gewesen, die hier war Turmspringerin. Ja, die sah nach einem dreifachen Salto mit doppelter Schraube aus. Wie komme ich auf diesen Vergleich?, fragte er sich. Logisch, er hatte am Vortag im Fernsehen die Europameisterschaften der Schwimmer gesehen und sich bei manchen Frauenkörpern gedacht, mir fehlt was. Er schlug vor abzuhauen.

Sie saßen in einem kleinen Ristorante, er bestellte Wein und Wasser, dann lasen sie die Karte.

Er sagte: »Ich würde ja gerne Spaghetti aglio olio essen, aber das möchte ich Ihnen nicht antun.«

Sie sah ihn strahlend an: »Wenn ich sie auch esse, kann das kein Problem sein.«

Sie erzählten einander viel und so frei, wie das häufig der Fall ist, wenn man einander im Ausland begegnet. Das Exterritoriale nimmt Hemmungen. Er erzählte von seiner wunderbaren Ehe und deren tragischem Ende und eben ganz besonders viel vom Haus, mit dem er sich nicht mehr identifizieren mochte. Das amüsierte die Architektin ungemein. Immer wieder fragte sie, konnte aber mit seinen Antworten nicht viel anfangen.

»Ich hoffe, du kannst Literatur besser interpretieren«, sagte sie. Er nickte. Um zu einem Urteil zu kommen, müsste sie das Haus einmal sehen, wenn sie einmal Rom wieder verließe, meinte er. Das schloss sie nicht aus. Und sie erzählte von ihrer Affäre mit ihrem römischen Meister, ganz ungeniert von seinem gockelhaften Verhalten im Bett und von seinem völligen Unverständnis, als sie nicht mehr wollte.

»Erst hat er getan, als müsste ich ihm dankbar sein, jetzt winselt er mich an.« Sie wäre also völlig unge-

bunden, sagte sie. »Ich bin eine Frau mit wenig Gepäck.«
Als er daraufhin den Mut hatte, sie indirekt zu fragen, ob nicht – unterbrach sie mit einem klaren »Aber ja!«
So schliefen sie schon am Ende des ersten Abends miteinander.
Es folgte eine wunderbare Zeit. Erstens ist eine neue Liebe in Rom besonders gut platziert, zweitens kann eine Architektin einem kunstsinnigen Literaturprofessor diese Stadt so vorführen, dass er aus dem Staunen über sie – sowohl über die Stadt als auch über die referierende Frau – gar nicht mehr herauskommt.
Oft ließ seine Aufmerksamkeit aber nach. Immer dann, wenn er zwanghaft Vergleiche mit seiner verstorbenen Frau anstellte. Die war immer in weiten, weichen, farblich kühnen Garderoben herumgelaufen, die hier streng klassisch wie aus dem Journal der allerersten Liga. Kompatibel sind die zwei nicht, dachte er sich.

Das fiel ihm jetzt im Auto wieder ein, als er nach rechts schaute. Nachdem seine Romzeit zu Ende war, hatte auch sie die ihre beendet. Die Besichtigung des Hauses war einer der ersten Programmpunkte der Wiederankunft.

Als sie schon in die Querstraße zum Haus einbogen und die Pracht der Vorgärten die gesellschaftliche Stellung der Eigentümer verriet, sagte er Sätze wie »Du wirst dich vielleicht wundern …«, »Da wird man natürlich einiges umstellen m–«, »Glaub ja nicht, dass ich beleidigt bin, wenn …«.
Sie antwortete nur einmal: »Jetzt lass es mich doch erst einmal in Ruhe ansehen.«
Sie betraten das Haus. Ihm erschien die gesamte Optik, die Ästhetik noch etwas fragwürdiger, erklärungsbedürftiger als zuletzt. Ihr leichtes Lächeln konnte er nicht bewerten. Galt es seiner Nervosität oder dem Gesamtbild?
Sie würdigte ihn keines Blickes mehr, ging ruhig durch die Räume, blieb vor dem einen Bild oder dem anderen Vorhang stehen, schaute, befühlte. Er sah ein, dass er sich jetzt aus der Sache herauszuhalten hatte. Er setzte sich im Lebenszimmer – seine Frau hatte es so genannt – in ein Fauteuil und wartete. Aus dem ersten Stock hörte er einmal ein kurzes Lachen. Das ließ ihn nervös aufstehen und mit einem Finger über eine Granitfläche streichen. Er war beruhigt. Die beauftragte Reinigungsfirma hatte allmonatlich sorgsame Arbeit geleistet. Und gestohlen war, jedenfalls auf den ersten Blick, auch nichts.
Er setzte sich wieder.

Die Architektin kam aus dem ersten Stock zurück, stellte sich vor ihm auf, sah ihm in die Augen und stellte ruhig und strahlend fest: »Das ist ihr Haus, das ist ihr Stil, das ist in sich vollkommen stimmig, das bleibt alles, so wie es ist, wir werden es hier sehr schön haben.«
Er sprang auf. Er verspürte ein sprengendes Gefühl. Er liebte zwei Frauen. Eine tote und eine lebendige. Er umarmte die Lebende. Er war wieder zu Hause.
Ein Jahr darauf begann seine zweite Frau mit dem vorsichtigen Umbau. Aber das hat er nie bemerkt.

Fischessen

»ICH MAG KEINEN FISCH!« Das erfuhr der junge Mann sehr früh von dem Mädchen, das seine Frau wurde. Man stelle sich das vor. Da gibt es also eine junge Frau, die schon in Städten war, in die er vielleicht nie kommen wird, die Bildbände über berühmte Maler zu Hause hat, die er gar nicht ins richtige Jahrhundert einordnen kann, die die Platten aller großen französischen Chansonniers gesammelt hat, deren Sprache er nicht spricht – und die mag keinen Fisch.
Warum, sagt die Welt, soll sie nicht ein Gebrechen haben, wenn er deren drei zugeben müsste?
Der Vergleich ist falsch. Weder hätte er sich geweigert, in diese schönen Städte zu fahren, noch wäre er für kundige Interpretationen jener Maler undankbar gewesen, noch hätte er nicht Gott für jeden einzelnen Satz in dieser Sprache gedankt, den er vielleicht zu begreifen in der Lage sein würde.
Sie aber wollte auf ihrem Gebrechen beharren.
»Ich mag keinen Fisch«, sagte sie ihm ins Gesicht,

mit einer vor einem solch heiligen Thema unangebrachten Rotzigkeit. Und sie betonte auch noch das »mag«.

Es war eine leicht krisenhafte Phase zwischen den beiden, in der er allen Grund hatte, durch zu rüdes Bestehen auf seinen Vorlieben die Verhandlungsbasis nicht zu gefährden.

»Fisch kann herrlich sein«, wandte er ein.

»Möglich«, sagte sie, »nur, ich mag keinen.«

Welchen Grund er hatte, nicht aufzutrumpfen? Er hatte ein schlechtes Gewissen. Und sie wusste leider, wie sehr er ein schlechtes Gewissen zu haben hatte. Nun kann das schlechte Gewissen eines Partners – man kennt mörderische Beispiele – eine Partnerschaft ruinieren, wenn nämlich der Partner, seines schlechten Gewissens wegen, in zu vielen Streitfragen nachzugeben beginnt.

Es kann das schlechte Gewissen eines Partners dem anderen Chancen der Überlegenheit einräumen, die für ein ganzes Leben keinen Austausch von Spannungen mehr ermöglichen, sondern nur mehr Druck hier und Resignation dort. Überschätztes schlechtes Gewissen kann aus Menschen Dresseure oder Reifenspringer machen, je nach Rolle.

Er hatte Gewichte abzuwägen. Und er entschied sich für Kampf. Sein schlechtes Gewissen durfte kein Grund sein, mit seiner Liebe für Fisch in einer

Partnerschaft allein zu bleiben. Denn, das war klar, das schlechte Gewissen würde vergehen, der Fisch bleiben.

Was ist in diesem Fall zu tun? Man weiß aus der Psychoanalyse, dass Defekte dieser Art nur über sehr frühe Wurzeln zu erklären und – so wird jedenfalls behauptet – zu heilen sind. Er tastete sich daher in die schlimme Vergangenheit dieses Mädchens und erfuhr: Sie zählte zu jenen wehrlosen Kindern, denen man am Freitag regelmäßig dieses vorgebackene Stück Fertigfisch unterschob, in dem Bindemittel zu gepressten Fischtrümmern ungeklärter Abkunft im demnach schmeckenden Missverhältnis stehen. Im jungen Leben seiner Frau musste so ab Dienstag die sich steigernde Angst vor dem Freitag hochgekommen sein, an dem es »Fisch« gab und geben musste.

Der größte Fehler, den er jetzt hätte machen können, wäre das Verdächtigen oder Verspotten der Küche ihrer Mutter gewesen. Eine Frau konnte einem Menschen, von dem nicht feststand, wie sein Charakter denn nun wirklich einzuschätzen war, nicht das Recht einräumen, aus dem Freitagsfisch ihrer Mutter grundsätzliche Schlüsse zu ziehen. Er beschränkte sich daher auf das Loben der *anderen* Gerichte, die seiner Frau mit Sicherheit zu Hause an den *anderen* Tagen vorgesetzt worden waren. Diese Haltung verlieh ihm Größe, die natürlich misstrauisch beobachtet wurde. Aber so blieb wahrscheinlich für Fisch nicht mehr das ganze verfügbare Misstrauen übrig.

Er musste erste Berührungen zustande bringen.

Er meinte, wenn ein Mensch nicht in der Lage ist, einen Partner zu überreden, irgendetwas wenigstens einmal zu kosten, mit welchem Ausgang auch immer, sollte er den Gedanken an ein langzeitiges Zusammenleben ganz rasch fallenlassen. Er wartete mit seinem Versuch auf einen günstigen Augenblick.

Ein Freund hatte von seinem Vater, der Jagdhaus und Fischwasser eines anderen mitbenutzen durfte, geangelte Forellen bekommen. Er wollte sie am Abend in der Folie braten.

Die Einladung kam telefonisch. »Gerne«, sagte der Eingeladene, »finden wir riesig. Natürlich haben wir Zeit.«

Dann sah er dem kontrollierenden Blick dieses Mädchens voll entgegen und meinte ins Telefon, für eine Nichtfischesserin würde sicher auch vorgesorgt sein. Das wurde bejaht. Und sie, sie nickte zufrieden. Er hatte daran gedacht, dass sie keinen Fisch aß. Er bekam offiziell einen Gutpunkt.

Möglicherweise dachte sie sich: »Dieser Schmierist!« Aber sie hätte das damals so geleugnet, wie er

heute leugnen würde, damals der Schmierist gewesen zu sein, der er war.
Wir wissen doch mit den Jahren, es gibt ein gewisses Maß an Unaufrichtigkeit, das ein Zusammenspiel zweier Menschen erst ermöglicht. Ehrlichkeitsfanatiker, die gar noch Fragen wie »Fisch oder nicht Fisch« in ihren wirren Wertekategorien unterbringen, sind zum Desaster verurteilt.
Da der Abend besonders gelungen war und die Forellen eben nicht aus diesen deprimierenden Bassins der Gastronomie stammten und daher nicht unüberschmeckbar freitagsfischähnlich waren, hielt er dem Mädchen überfallartig ein leicht mit Zitrone und etwas Grünem versehenes Stück vor den Mund.
»Magst du kosten?«
Sie kostete. Die Antwort kam sehr abgewogen, erstaunlich reif für einen so jungen Menschen.
»Du weißt, ich mag an und für sich keinen Fisch, aber der schmeckt mir.«
Das war ein Schlüsselsatz, das spürte er sofort.
Ein Schlüsselsatz für diese sich für ein Leben anbahnende Beziehung, wie man Liebe damals noch nicht nannte.
Sie aß an diesem Abend fast eine ganze halbe Forelle, sich, ihm und der Schöpfung noch stark misstrauend.

Seine Strategie war klar. Nur die konsequente Politik der kleinen Bissen konnte es bringen.
Hatte dieser Forellenabend den Zauber der Studentenbude, der Kochimprovisation, der Knutschereien auf dem Teppich, des über diesen geschütteten Weines und der zerkratzten Platten gehabt, war der zweite Glücksfall ein lauer Abend draußen am Flussstrand mit viel Wein und Weißbrot im Korb auf dem Wachstischtuch, mit Knoblauchduft und durch den Wind verzogenen Tönen der Zigeunergeige.
In dieser Gegend sagt man Schill zu dem Fisch, den andere als Fogosch oder Zander kennen. Als dieser am Nebentisch in papriziertem Rahm hörbar genossen wurde, überredete er seine Frau zu einem für beide als Vorspeise.
Er lauerte auf einen bestimmten Satz. Er wusste, wenn er kam, unverändert wieder kam, war die Entscheidung so gut wie gefallen. Er kam.
»Ich mag zwar an und für sich keinen Fisch, aber der ist wirklich ganz gut.«
Nichts war also Zufall gewesen. Nichts Laune. Es war ein Programm, ein langfristiges Programm, das seinen Ausgang voraussetzte, sich aber noch zu Zwischenphasen verpflichtet fühlte. Er wäre nun der Blödeste gewesen, hätte er ihr erklärt, das Programm begriffen, die Formulierung wiedererkannt zu haben.

Es galt jetzt, da sich ein Erfolg immerhin erreichbar zeigte, nur ja nicht übermütig zu werden.
Er brachte lieber – in der Manier des Seelenarztes neben der Couch – das Gespräch wieder auf den Freitagsfisch vergangener Zeiten. Er war zart, verständnisvoll und bereit, das Gespräch sofort abzubrechen, wenn eine zu starke Belastung der geliebten Patientin zu befürchten war. Aber er brachte sie doch dazu, den Speisezettel ihrer Kindheit zum Teil sehr rüde zu kommentieren.
Die Weiterentwicklung der Sache war folgerichtig und ist leicht zusammenzufassen.
Als er nach dem Skifahren auf der Karte des Dorfgasthauses tatsächlich »Waller im Wurzelsud« las, holte er sich wieder den Satz ab, der ihn für seine Unterlegenheit auf der Piste und den abgetauten Hosenboden mehr als entschädigte: »Ich kann Fisch nicht leiden, aber der schmeckt wirklich nicht nach Fisch.«
Er ließ einfließen, dass gerade der hier nach Fisch schmecke und anderes in grauer Vorzeit Eingenommene eben nicht.
Wohlgemerkt, er tat das nicht so bestimmt, tat das mehr mit Andeutungen, mit »Sag einmal, könnte nicht …«-Sätzen. Er gab ihr jede Chance, selbst draufzukommen.
Sie spielten das Spiel mit Branzino und Orata in Ita-

lien, wohl wissend, dass die Preise dem Urlaubsbudget nicht zumutbar waren. Sie spielten das Spiel mit dem Loup de Mer und dem polnischen Karpfen.
Man weiß, da handelt es sich um ein Fischrezept, das schon höhere Weihen voraussetzt. Da sind schon geriebener Lebkuchen und Rosinen mit im Spiel. Eine bewusste Diskussion dieser Zubereitungsart wird für gewöhnlich zur Ahnenforschung, denn kaum jemand aus ehemals monarchischen Gegenden hat nicht eine Großtante gehabt, die nicht einmal erzählt hätte, der Vater eines Neffen hätte gerade diesen Karpfen für sein Leben gern gegessen.
Als sie dann eines Tages im Hamburger Hafen eine Seezunge aßen und er – nach einigen Seezungen seines Vorlebens – erstmals erfuhr, wie sie wirklich sein kann, sagte seine Frau: »Dafür, dass ich Fisch grundsätzlich nicht mag, ist der aber ausgezeichnet.«
Er schüttete den Klaren hinunter, atmete tief ein und suchte die alles entscheidende Entscheidung.
Die Situation musste günstig sein. Das Lokal war groß, hell, freundlich.
Er hatte kein schlechtes Gewissen. Die Bedenkzeiten diplomatischer Etikette waren eingehalten worden. Überziehen hätte Schwäche signalisiert. Zu einem gewissen Druck im Ton fühlte er sich nach all der Zeit und der Beweislast berechtigt.

»Hättest du die unendliche Güte, nicht mehr zu behaupten, du magst keinen Fisch, wenn du« – und jetzt folgte die von ihm sorgsam gespeicherte Aufzählung aller klassischen Fische, die ihr bis dato als Ausnahme geschmeckt hatten – »magst. Findest du es nicht einigermaßen lächerlich, nicht *einmal* laut zu sagen, ich mag Fisch!?«

Sie machte den letzten verzweifelten Versuch, diese Freitage ins Spiel zu bringen. Er winkte ab und sah sie forschend und bittend an.

Dann sagte sie endlich:

»Ich liebe Fisch.«

Die Sache zwischen diesem Paar war vom Tisch. Andere mögen auf ihm geblieben sein. Aber Ehen sind die Summe derartiger Probleme. Jedes weniger ist ein großer Gewinn.

Man muss, um Unterstellungen vorzubeugen, anmerken, die Geschichte wäre auch seitenverkehrt erzählbar. Aber einem Verdacht muss im Ansatz widersprochen werden.

Dem, der junge Mann wäre Chauvi gewesen.

Nein, meine Damen und Herren, Fischesser.

Die Nacht der Erkenntnis

SIE WAREN EIN GLÜCKLICHES PAAR.
Sie genossen es, alles vor sich zu haben. Er seine Karriere als Anwalt – er wollte sich auf das chancenreiche Urheberrecht konzentrieren –, sie ihren Studienabschluss in Soziologie, mit der üblichen Unsicherheit, was man danach machen könnte.

Sie hatten sich sehr jung kennengelernt, sie war noch Gymnasiastin, er noch Student. Es war auf einer Party. Er kam herein. Ein attraktiver Jüngling, sich seiner Wirkungen noch nicht so ganz bewusst, sie eine auffallende, in allem und jedem selbstbestimmte Person. Sie fragte ihre Freundin: Wer ist das? Und als man es ihr gesagt hatte, war der Entschluss da.

Sie war vor ihm noch nie über das Petting hinausgegangen, er hatte Erfahrungen. Was er nicht wissen konnte, er hatte sie ausschließlich mit Frauen gemacht, die es gerne taten, aber es war keine von denen dabei, die in Liebesraserei verfallen. Das gibt es. Auch beim Roulette kommt manchmal einige Male hintereinander rouge.

Er war also, was seine Routine betraf, nicht sehr universell, was ihn aber nicht daran hinderte, sich so zu gebärden. Er gefiel sich in der Rolle des liebevollen Lehrmeisters, versuchte seine Nervosität durch die Pose der Meisterschaft zu verschleiern.

Sie folgte ihm zögerlich, manches annehmend, manches ablehnend.

Es spielte sich ein. Es war schön. Sie sagten es einander. In vielen Formulierungen.

Sie waren ein virtuoses Tanzpaar. Im Umsetzen des Rhythmus waren ihre Körper synchron. Der Musikgeschmack differierte. Er liebte Barockmusik, sie eher Chopin und Debussy. Beide hatten Spaß daran, dem anderen zu erklären, was er versäumte. Sie lasen gerne. Und sie genossen die Auseinandersetzungen über die Qualität des Gelesenen. Er liebte etwa Kriminalromane – nur die guten, versteht sich –, sie fand das Genre total langweilig, weil, wie sie klar erkannte, die Schreiber nie schreiben dürfen, was sie wissen, weil es ja sonst kein Kriminalroman wird. Langweilig war ihnen nie.

Was die Männermode anlangt, war er absolut souverän. Das verdankte er seinem Vater, dem einst führenden Herrenfriseur der Innenstadt. Sein Wissen um den weiblichen Typus war aber offenbar mangelhaft, denn wenn er vor einer Boutique kurz stehenblieb und – auf ein Stück hindeutend – sagte: »Das würde gut zu dir passen«, nahm er ihr »Das ist nicht dein Ernst!« nicht krumm, sondern ließ sich erklären, worin seine Ahnungslosigkeit bestand.

Sie schliefen eng. Er liebte ihren Körper. Wenn er schon im Bett lag und sie nackt vor ihm stand, wollte er sie rahmen und immer vor sich hängen haben.

Sie waren ein glückliches Paar.

Jetzt, mit dieser Frau an seiner Seite, wurde der dunkelhaarige, fast zu schlanke Jurist immer selbstsicherer. Er registrierte mit Wohlgefallen die durchaus begehrlichen Blicke der Sekretärinnen der großen Kanzlei, in der er – noch! – Mitarbeiter war. Und er bedauerte die Kommilitonen seiner Frau, die von ihr zwangsläufig verzaubert sein, sich aber sagen lassen mussten, sie sei verheiratet.

Ja, das waren sie, den vorhandenen Kinderwunsch noch vertagend. Es war eine kleine Hochzeit gewesen, mit möglichst wenig Familie, was zu größeren Beleidigungen geführt hatte, und nur mit den engsten Freunden. Die Debatten über Kirche oder nicht, schließlich doch nicht, und über die Einladungsliste waren intensiv und unterhaltend gewesen. Er musste immer wieder beweisen, wessen Anwesenheit entbehrlich war. Sie wollte die Welt dabeihaben. Der Nebenraum des traditionellen Weinkellers war dann doch überfüllt, als man feierte.

Sie waren ein glückliches Paar.

Sie hatten nicht allzu häufig Sex. Durchaus genug, aber nicht allzu häufig, denn sie musste immer gewonnen werden, und manchmal war das eben nicht möglich. Zum Beispiel im Sommerurlaub, wo sie nach einem herrlichen Strandtag mit viel Sonne, nahezu ununterbrochenem Schwimmen und zwei Glas Wein schon zu Mittag abends »wie tot« ins Bett fiel. Und in der Nacht wollte sie nicht geweckt werden. Grundsätzlich nicht. Das hatte sie sehr bald, sehr verbindlich fixiert.

Sie waren ein glückliches Paar.

Als sie etwa eineinhalb Jahre verheiratet waren, gab es eine – es ist ein schreckliches Wort – Verweigerung. Sehr direkt, ohne Charme, ohne Koketterie. Sie hatten eine Fernsehdiskussion verfolgt, danach die Diskutanten beurteilt, und dann wollte er, aber sie nicht. Er sah es ein, weil er doch auch das Gefühl hatte, der Übergang von einer Fernsehdiskussion über Kindesmisshandlung zu einer Paarung wäre zu abrupt, zu unsensibel gewesen, das hätte ihm, dem wegen seiner Zärtlichkeit Geschätzten, nicht passieren dürfen.

Er konnte nicht schlafen. Es war Spätsommer. Das Fenster war halboffen. Draußen war es noch warm. Der Mond war fast voll. Rundum gab es einen Sternenhimmel. Ihre Decke war verrutscht. Auf ihre wunderbaren Brüste fiel das Mondlicht. Er konnte sich an diesem Effekt von Licht, Schatten und Haut nicht sattsehen. Sein Blick schwenkte ihren Körper ab. Eine nicht mehr beherrschbare Sehnsucht kam über ihn. Dennoch hütete er sich vor Brutalität. Er wollte ihre Knie langsam auseinanderdrängen. Es war magisch. Sie folgte ihm schlafend wie im Schlaf. Ihre Schenkel gaben ganz weich nach. Er drang in sie ein.
Da geschah etwas, was sein Hirn geradezu zerriss, was er nicht fassen konnte. Sie explodierte, als hätte sie auf diesen Moment hingeträumt. Der ihm so vertraute Frauenkörper tobte, raste in extremer Frequenz, gab Laute von sich, die er von keiner Frau – ausgenommen die Synchronstimmen in Pornofilmen – je gehört hatte. Das war eine durch nichts zu erklärende Ekstase. Er penetrierte eine nie gekannte, eine andere Frau. Eine verwandelte Frau.
Alles, was er an Blut besaß, schoss in seinen Kopf. Mit der peinlichen Konsequenz in den unteren Regionen. Er fiel zusammen.
Von ihr kam ein kurzer, ärgerlicher Laut, einem

Grunzen ähnlich. Sie drehte sich ab, zeigte ihm den Hintern und schlief sofort weiter. Tief.
Er wagte nicht, sich zu rühren. Er lag regungslos auf dem Rücken, starrte zur Decke, dann wieder zum Fenster hinaus, versuchte Erklärungen, verwarf sie wieder, fragte sich immer und immer wieder das Gleiche, quälte sich bis zu einem Erschöpfungsschlaf im Morgengrauen.

Sie stand in ihrem schönen, leichten Morgenmantel in der Wohnküche und ließ den Kaffee durch die Maschine rinnen.
Er saß – schon im Anzug für die Kanzlei, gepflegt wie immer – vor einem kleinen, feinen Gedeck. Das Eierwasser begann zu kochen. Er sagte nach kurzem Spiel mit dem Eierlöffel: »Du hast mich betrogen.«
Sie sah ihn kurz und ohne jede Regung an:
»Wie kommst du auf *die* Idee?«

zwei Freundinnen

DER PASS WAR NICHT AUFFINDBAR. Die junge Frau wollte doch die große Auslandsreise ihres Mannes, eines Bankers, mitmachen. Er hatte schon vor Wochen gefragt: »Ist dein Pass noch gültig?«, sie hatte natürlich bejaht. Dann bekam sie aber doch Bedenken und musste feststellen, er war nicht nur nicht abgelaufen, sondern auch nicht mehr existent, also wohl verloren. Ihr nie sehr praktisch denkendes Hirn sagte ihr immerhin, zur Beantragung eines neuen Passes braucht man dieses und jenes seiner Dokumente. Da sie ihrem Mann die Unauffindbarkeit des Passes nicht gestanden hatte, musste sie die Dokumente selbst suchen. Sie wusste ungefähr, in welchen seiner Schreibtischladen die liegen könnten. An einem sonnenbeschienenen Vormittag machte sie sich nach dem Familienfrühstück auf der Veranda, nach Verabschiedung des Ehemannes und der beiden schon das Gymnasium besuchenden Kinder auf die Suche.

Im Verlauf des eher systemlosen In-die-Hand-Nehmens von diversen Mappen und Ordnern öffnete sie eine Korrespondenzmappe, überflog die erste Seite, blätterte hastig weiter und stellte fest, die Buchstaben hatten zu tanzen begonnen. Es war der über Jahre bis in die Gegenwart sorgsam abgelegte Briefwechsel ihres Mannes mit einer anderen Frau in einer anderen Stadt. Es war das gnadenlose Protokoll eines perfekten, virtuosen Doppellebens. Das Ausmaß dieses Betruges war für sie nicht fassbar. Das hatte sie – aus bürgerlichem Haus, nach dem Abitur nicht wissend was, dann eine Ausbildung als Visagistin abschließend, den Beruf aber nie praktizierend, weil wegen ihres Aussehens und ihres Charmes von einem Nachwuchsbanker stilvoll geheiratet – nie, nie, nie für möglich gehalten. Sie fragte sich, wie sie es schaffte, noch zu atmen. Nach einem ex getrunkenen Espresso wollte sie ihren Mann anrufen, wollte ihn anschreien, durchs Telefon ermorden, dann aber wurde ihr doch auch klar, dass sie in die Aufsichtsratssitzung nicht würde verbunden werden.

Was war zu tun? Sie hatte eine enge Freundin. Eine wirklich »beste« Freundin. Eine, mit der sie über Jahre über alles, über Männer, Kinder, Hunde, Wetter, Mode und Frauenarzt gesprochen hatte. Die rief sie an. Ihre verzweifelte Bitte, sofort

besucht zu werden, ließ der Freundin gar keine Wahl, als alles stehen und liegen zu lassen und ungeschminkt ins Auto einzusteigen.
Auch die Freundin, etwas älter, etwas größer und etwas dunkler, war Herrin ihrer Zeit. Sie hatte ein Psychologiestudium abgebrochen, war wegen einer Affäre mit einem verheirateten Schauspieler des Öfteren in der Zeitung abgebildet gewesen, hatte schließlich in der mit einem Kind gesegneten Ehe mit dem Herausgeber eines Intelligenzblattes ihren Hafen gefunden.
Sie traf die Betrogene heulend an.
Nachdem auch sie sich durch Blättern in der Korrespondenz vom Ausmaß des Doppellebens überzeugt hatte, dachte sie sich: Und das lässt der Mensch einfach so herumliegen?! Sie sagte aber etwas anderes. Sie sagte: »Na, das ist doch ganz klar. Den schmeißt du raus.«
Die Augen gegenüber waren vor Schreck aufgerissen.
Die Freundin bestätigte: »Du wirst doch mit diesem Menschen nicht mehr unter einem Dach wohnen wollen. Der soll zu seiner Dulcinea ziehen. Du nimmst dir einen Anwalt, ich weiß auch welchen, dein Mann hat keine Chance. Dir bleibt das Haus …«
»Und die Kinder?«, kam ein erstickter Einwand.

»Bleiben sowieso bei dir, was denkst du denn? Der Kerl muss zahlen! Und du lebst ein herrliches neues Leben. In Freiheit. Mein Gott, so wie du noch aussiehst …«

Die Frauen umarmten einander. Das Gespräch beruhigte sich. Zwei Glas von einem klebrigen, italienischen Modedrink halfen dabei.

Nach zwei Stunden konnte die Freundin die Betrogene mit gutem Gewissen allein lassen. Die wisse, was sie sagen und veranlassen würde, wenn ihr Mann des Abends wieder erschiene. Sie nahm sich sogar vor, die Kinder in ein Kino zu schicken, um sie nicht zu Zeugen einer finalen Auseinandersetzung zu machen.

Es kam anders.

Der Banker blieb cool, um nicht raffiniert zu sagen.

Er erklärte, die Briefe, offenbar unbewusst, nur aus einem Grunde so aufbewahrt zu haben, aus dem, dass sie gefunden werden konnten. Der tiefe Grund war die Hoffnung, dass sie gefunden *werden.* Die Hoffnung, dass es zum großen Krach kommt, die Hoffnung, dass seine schöne, über alles geliebte Frau, die Mutter seiner wunderbaren Kinder ihm die Kraft gibt, diese fürchterliche Geschichte endlich zu beenden. Natürlich wurde das ein Prozess über Tage.

Die zwischendurch angerufene Freundin warnte davor, alles zu glauben, sich wieder einkochen zu lassen, musste aber feststellen, dass ihre Haltung langsam, aber sicher nicht mehr den Beifall der Verzeihenden fand.
Also, wie eben angedeutet, die Betrogene verzieh unter Deponierung eines Gattenmordes, falls noch einmal …
Die Nähe zur besten Freundin kam nur zögerlich wieder zustande. Eine gewisse Entfremdung, ein kleiner Vertrauensverlust war vice versa nicht merkbar, aber da.

Dem gesellschaftlichen Smalltalk tat alles keinen Abbruch.
»Du hast ja eine größere Sache zu überstehen gehabt«, sagte bei Zigarre und Rotwein der Zeitungsherausgeber zum Banker.
»Das kann man wohl sagen«, antwortete der und blies, mit Blick zum Himmel, sehr viel Luft heraus. Ins Detail pflegen Männer von Format nicht zu gehen.

Ein oder zwei Sommer später liebten sich der Zeitungsherausgeber und seine Frau und plauderten anschließend, in Morgenmantel und Dressinggown, über wildere Zeiten, über Zeiten, als er noch nicht

so trostlos vermanagt war. Da kam von ihm die Anregung zu einem lange nicht mehr konsumierten Totalurlaub. Er fasste den Vorsatz, sich einen ganzen Monat freizuschaufeln, die Tochter die Zeit bei den Großeltern auf dem Land verbringen zu lassen. Er schlug eine von diesem Paar noch nie besuchte Nordseeinsel vor. Sie war begeistert. Der Urlaub kam zustande. Zwei Wochen lang ließen sie sich die Krabben schmecken, freuten sich, dass ihre nackten Körper noch keinen Grund hatten, sich zu verhüllen, legten bei beißend kaltem Wind die Arme einander um die Schultern, fühlten sich jung.
Da kam aus dem Verlag ein Mail, eine Brandmeldung, der Chefredakteur hatte fristlos gekündigt, die Anwesenheit des Herausgebers wäre demnach unverzichtbar. Der Herausgeber war wütend, sah aber ein, dass ohne ihn eine Problemlösung nicht möglich war. Er beschwor seine Frau, die zweiten zwei Wochen zu genießen, sich ihren herrlichen Urlaub nicht vermiesen zu lassen. Er würde sie jedenfalls abholen kommen, vielleicht gingen sich noch ein, zwei Tage auch für ihn aus. Er flog ab und hinterließ eine verjüngte, schöne Frau, Anfang vierzig.

Man könnte das Angesprochenwerden durch einen perfekt Französisch und ganz gut Englisch sprechenden Russen ausgiebig schildern, den ersten Strandspaziergang, seine Erzählung, wonach er seine Karriere als Solotänzer jetzt aufgrund einer Verletzung beenden musste und nicht wusste, ob er Choreograf oder ganz etwas Anderes werden wolle. Man könnte sich in das Beschreiben dieses Typs verlieren, der aussah, als wäre er das Modell für alle sehr herben Männerparfums des Globus, aber wozu sollte man das tun? Alle Kenner der Fernsehfilme von Autoren mit schwedischem Pseudonym wissen, wie alles lief. Der Aquavit oder auch der Wodka taten ihr Teil. Die Frau ließ sich in einer von ihr selbst noch nie erlebten Intensität fallen und genoss. Dass ihr Mann eine seiner Scheckkarten dagelassen hatte, war für die Programmierung der Tage und Nächte von unschätzbarem Vorteil.

Die interessanteste Realität ist die, die sich nach den Gesetzen der Kolportage richtet. Der Zeitungsherausgeber konnte die Krise viel rascher beenden, als zu befürchten gewesen war. Der Chefredakteur hatte nach einer kritischen Stellungnahme der Redakteursversammlung überreagiert, der Herausgeber konnte vermitteln, seine Anwesenheit blieb zwar erwünscht, war aber seiner Meinung nach nicht erforderlich. Er fasste nach etwa einer Woche den, logischerweise verhängnisvollen, Entschluss, seine Frau zu überraschen.

Das gelang ihm. Er fand eine Situation vor, die an Trivialität und Peinlichkeit nicht zu überbieten war, von der nur gesagt werden soll, dass ihre pornografische Substanz schon in die Komik überging.
Der Ehemann blieb wortlos. Er drehte sich auf dem Absatz um. Da er weder telefonisch zu erreichen war noch auf panische Mails reagierte, wurde ihre Unruhe zu stark. Auch sie beschloss den vorzeitigen Heimflug, nicht ohne ihrem Russen eine sehr schöne Lederjacke als Andenken zu hinterlassen.
Zu Hause fand sie eine Wohnung vor, aus der ihr Mann die für einen vorübergehenden Hotelaufenthalt nötigen Sachen entfernt hatte. Ihr hatte er eine kurze Mitteilung hinterlassen, nach der er beim Anwalt gewesen wäre, nach der die Scheidung eingereicht sei, nach der sie sich ihrerseits einen Anwalt nehmen solle, damit die Herren sich über die Höhe der monatlichen Zahlungen für das Kind einigen könnten. Die Suche nach einer Wohnung für sie und die Tochter sei eingeleitet.
Die Frau war verzweifelt. Es blieb nur das Gespräch mit der Freundin. Selbstverständlich kam die. Nicht gleich, aber bald. Sie hatte vorher »noch was zu erledigen« gehabt.
»Stell dir vor, der will mich rausschmeißen«, sagte die Betroffene. Und dann erzählte sie den Grund.

Nicht unehrlich, aber doch in einer in Richtung Romantik frisierten Version.

»Der will sich scheiden lassen.«

Das Gegenüber war ungerührt. »Ist doch logisch.«

»Was soll das heißen?«

»Du kennst doch deinen Mann. Das ist ein Konservativer. Ein Mann mit Grundsätzen. Der wird damit nicht fertig.«

»Aber das kann er doch nicht machen. Es tut mir ja leid, dass ich … Er kann doch nicht …«

»Aber natürlich kann er. Du hast mir doch damals auch gesagt: ›Du wirst doch mit dem nicht mehr unter einem Dach wohnen wollen.‹«

»Das ist nicht das Gleiche!«

»Und warum nicht?«

»Bei mir waren das ein paar Tage. Bei deinem Mann ging das über Jahre.«

»Stimmt. Aber es war *eine* Frau. Dein Mann denkt sich wahrscheinlich, dich braucht man nur ein paar Tage lang allein lassen, und schon passiert's.«

»Das stimmt ja nicht!«

»Das wirst du ihm nicht beweisen können.«

Die Freundin ließ die Freundin ohne Hoffnung zurück. Aber sie irrte. Auch der Freundin gelang es nach ersten, kurzen Informationskontakten, ihren Mann davon zu überzeugen, dass sein Verzeihen sinnvoll wäre und allen eine große Menge Ärger, sprich: Veränderung der schönen Lebensgewohnheiten ersparte. Sie fand für diese Gedankengänge sehr suggestive und intelligente Worte, immerhin hatte sie einmal ein Psychologiestudium abgebrochen. Auch dieses Paar versöhnte sich.

Als die beiden Ehemänner einander bei einer Charity-Veranstaltung trafen, fragte der Banker: »Bei euch wieder alles im Lot?«
»Kann man so sagen«, lautete die Auskunft.
Die zwei Freundinnen aber kamen bei zufälligen Zusammentreffen über zwei Wangenküsse, das »Wie geht's?« und das »Wir müssen uns wieder einmal richtig ausquatschen« nie mehr hinaus.

Der Brief

DER LIEDERMACHER WAR ALT. Oder sagen wir besser: in die Jahre gekommen. Bevor darüber Näheres berichtet wird, soll angemerkt werden, er hasste diesen Begriff. Aber Singersongwriter fand er noch blöder und Chansonier ganz und gar unpassend. Also hatte er sich mit der Bezeichnung abgefunden. Das Sichabfinden mit dem Alter war aber nicht seine Stärke, obwohl er im Laufe der Zeit sich steigernde Ansätze von Vernunft an sich bemerkte. War er früher glücklich über das Vorhandensein ihn erwartender weiblicher Wesen in verschiedenen Städten, atmete er jetzt schon richtig auf, wenn er am Telefon – er rief immer an, er hätte sich sonst als treulos empfunden – wenn er also hörte: »Tut mir leid. Aber ich bin frisch verliebt.« Da wünschte er alles Gute und fühlte sich befreit. Man soll es nicht ironisieren. Spät, aber doch wollte er ein Ehemann werden, ein nachträglich vorbildlicher. Er wollte von seiner Frau zu Recht geliebt sein und von der großen, einer Jugendliebe

entsprossenen Tochter nicht verlacht bis verachtet. Aber da war noch eine Frau, eine zu junge Frau, eine viel zu junge Frau. Die war nicht abzuhaken. Das saß zu tief, dieses noch einmal Eintauchen in eine Jugend, die er nicht mehr hatte.
Er musste sich stellen. Er wollte es Aug in Aug tun. Sie verabredeten sich in ihrer Stadt. Im Zug sprach er stumm die Dialoge durch, die er führen wollte. In immer neuen Formulierungen argumentierte er, versuchte er alle zu erwartenden Gegenargumente bis zum tödlich unbedingten »Ich liebe dich« zu, nein, nicht zu widerlegen, ausreichend in Frage zu stellen. Und dann erst …
Als sie aber beim »Chinesen« saßen, bei »ihrem« Chinesen, wo sie beheimatet war, wo sie gar nicht erst bestellen musste, wo er schon oft auf ihre Empfehlung hin wunderbar gegessen hatte, wo er – entgegen seiner sonstigen Gewohnheiten – tatsächlich Tee trank, scheiterte er. Sie musste geahnt haben, welche Wendung er der Begegnung geben wollte, sie ließ nichts zu. Als er sagte: »Liebes, ich muss dir was sagen, eine Bitte. Unterbrich mich nicht gleich, hör erst einmal zu …«, hatte sie schon Tränen in den Augen. Er war sofort feig. Und bestellte eine Flasche Weißwein von der Loire.
Bei der Rückfahrt spürte er noch einmal dem Bett nach, das nach dem Weißwein unvermeidlich

gewesen war. Dann fasste er einen Entschluss. Es kann nur ein Brief sein. Den bin ich ihr schuldig. Mir schuldig. Uns allen. Uns allen dreien.
Es war Sonntag. Seine Frau hatte nach einem richtig großen Sonntagsfrühstück – »… dafür zu Mittag nur eine Kleinigkeit« – einiges an Aufräumarbeiten zu tun. Danach wollte sie für eine lange Zeit ungestört ins Bad. Er hatte also Zeit und Ruhe. Er setzte sich vor seinen PC, pumpte Luft ein und schrieb:

»Geliebtes Mädchen! Wie ist alles so gekommen? Ich habe Dich gesehen. Nun, das ist ja die Voraussetzung. Ich hätte eine andere junge Frau sehen können, damals, nach der Preisverleihung von ›Junge Solisten‹. Du warst nur Zweite mit Deinem Cello und hast sicher nicht gewusst, ob Du froh oder wütend sein sollst. Der kleine Koreaner hatte wirklich phänomenal Klavier gespielt. Aber Du warst – ich finde keine Worte. Diese Symbiose zwischen Frauenkörper und Instrument. Mir wird heiß, wenn ich das jetzt hinschreibe. Ich höre Dich fragen: Wenn das so ist, warum soll es aus sein zwischen uns?
Mädchen, mir war von Anbeginn bewusst, ich würde Deine Wellen von Zärtlichkeit nicht so erwidern können, wie ich es erträume, mir war von

Anbeginn an bewusst, dass ich mit jedem Jahr vor Deiner Jugend nicht nur *ein* Jahr älter werde. Ich erkläre Dir das gerne mit dem Tennis. Ein Vierzigjähriger kann, vorausgesetzt, er ist sehr gut, gegen einen Zwanzigjährigen spielen. Bei Fünfzig gegen Dreißig wird's schwierig. Bei Sechzig gegen Vierzig sinnlos.

Weißt Du, die Vorstellung macht mich panisch: Ich liege flach, werde von meiner Frau ›gepflegt‹ und muss Dir am Telefon ein geplantes Treffen absagen. Du schiebst dieses Argument weg, Du willst mir einreden, dass die wahre Liebe – was auch immer das ist – jede Situation meistert. Ich kann Dir das Gegenteil nicht beweisen, außer Du begreifst meine Vorstellung nicht schon als Gegenbeweis.

Natürlich werde ich immer stolz sein, von Dir geliebt worden zu sein. Natürlich waren die Tage unbeschreiblich, wenn Deine Konzerttermine und meine Auftritte Begegnungen möglich machten. Natürlich tut mir der von mir beschlossene Verlust dieser Frau gewordenen Musik – Scheiße! Jetzt werde ich pathetisch! – weh. Aber weh tut auch – wohl auch Dir – das Läuten des Telefons, wenn man nur die Wahl hat, entweder nicht abzunehmen oder vor einer Zeugin zu lügen.

Ich habe Dir gesagt, Du bist meine ›letzte Liebe‹.

Du hast mir das geglaubt und willst, dass ich daraus die Konsequenzen ziehe. Widrigenfalls hätte ich gelogen.
Nein, das mit der letzten Liebe war nicht gelogen, nur ungenau. Es hätte heißen müssen, die letzte neue Liebe. Denn damit ist nicht gesagt, dass alte Lieben nicht weiterbestehen, damit ist nicht gesagt, dass nicht eine davon bis zum Ende hält.
Du bist nicht nur eine letzte Liebe, sondern auch eine letzte Illusion. Durchschau mich!
Mädchen, meine Tochter ist älter als Du, Dein Vater jünger als ich. Ich höre Dich sagen: Na und? Das macht mich ratlos. Du willst mich nicht aus Deinem Leben schmeißen. Langsam habe ich kein schlechtes Gewissen mehr. Mehr als gegen mein Gefühl zu argumentieren, zu raten, kann ich nicht tun. Doch. Ich kann. Ich kann beschließen.
Kennst Du diese Stelle bei Ringelnatz?
›Ich bin eine alte Kommode / oft mit Tinte oder Rotwein begossen / manchmal mit Fußtritten geschlossen / der wird kichern, der nach meinem Tode mein Geheimfach entdeckt …‹?
Wie ich Gymnasiast war, hat mir der Tonfall so gefallen. Heute projiziere ich mich in den Text.«

Es klopfte. Seine Frau trat gleichzeitig mit dem Klopfen ein.

»Sag mal, wo ist denn der Fön?«
»Wo du ihn zuletzt hast liegen lassen«, antwortete er gewohnheitsmäßig.
Sie ging nicht gleich. »Was schreibst du?«, fragte sie.
»Geschäftlich, quasi«, sagte er und beugte sich ein wenig über den Schirm.
»Ach so«, sagte sie und war schon wieder weg.
Er setzte seinen Brief fort.

»Tu mir eine Liebe: Zweifle nicht an Dir, nur weil ich mich – Du kannst das Verbum einsetzen. Wenn Du Dich für ›davonstehlen‹ entscheidest, kann ich auch nicht widersprechen. Stelle bitte nie die Frage, vor allem nicht Dir!, ›Was hat sie, was ich nicht habe?‹, oder gar ›Was haben sie, was ich nicht habe?‹
Du hast mich einmal gefragt: ›Was fühlst du, wenn du an mich denkst?‹ Die Antwort ist einfach: Dich. Ich vergleiche nicht. Ich formuliere keine Rankings. In Sinnlichkeit, Intellekt, Zuwendung und und und. Ein Mensch ist ein Mensch. Eine Frau ist eine Frau. Nur ein Unterschied ist nicht wegzuschwindeln. Der der Jahre.
Ich habe – und wirklich nicht nur bei Dir – bei sogenannten Betrügereien immer von »außer Zeit und Raum« gesprochen, also eine quasi irreale

Ebene einführen wollen. Das ist nichts als ein übler Trick. Ich mache mir das ultimativ bewusst. Ich will nicht mehr andauernd ein schlechtes Gewissen haben.
Am ersten Abend hast Du, als Du mit Freude festgestellt hattest, dass ich werbe, gesagt: ›Die große Liebe wird es wohl nicht sein.‹ Du hattest recht. Nur anders, als Du jetzt glaubst. Du hattest recht, weil es in der Liebe groß und klein nicht gibt, sonder nur ›ja‹ oder ›nein‹. Gelebt oder nicht gelebt.«

Jetzt stockte der Mann in seinem Schreiben. Er musste, besser, er wollte zu einem Ende kommen. Wie es formulieren? Wie diesem Mädchen, dieser wunderbaren Künstlerin, dieser – nein, dachte er sich, jetzt keine erotischen Vorstellungen! – wie sollte er ein »Aus!« formulieren, das eines ist, aber nicht so klingt? Der Mann war an die Grenzen seiner Argumentationskunst gestoßen. Wie sollte er unkitschig ausdrücken, dass er sich nach wie vor nicht für monogam hielt, aber das Bedürfnis hatte, es ab jetzt sein zu wollen?
Irgendwo läutete sein verhasstes Mobiltelefon. Es war nicht einfach zu orten, woher das penetrante Geräusch kam. Aber dann realisierte er doch: Klo. Er hatte es zum morgendlichen Gang mitgenommen, weil er den üblichen Sonntagsanruf seines

wesentlich jüngeren, seiner Meinung nach schwachsinnigen Halbbruders erwartete. Dieser erwog gerade eine Scheidung – ungeachtet dreier Kinder – und wollte immer die gleichen Auskünfte, weil er sich den Namen eines Anwalts nicht merken konnte oder wollte.

Der Angerufene nahm das Telefon in die Hand, setzte sich auf die Brille und hörte sich lange an, was die Frau des Halbbruders schon wieder für neue und unberechtigte Forderungen stellen wollte.

Irgendwann einmal gelang es ihm, das Gespräch zu beenden. Er öffnete die Tür seines Zimmers mit dem Schreibtisch. Da stand seine Frau reglos vor dem Computer und las den Brief. Er blieb starr in der offenen Tür stehen, mit diesem gewissen Heißkalt-Gefühl.

Noch mit dem Rücken zu ihm sagte sie: »Ja, so bist du eben.«

Dann drehte sie sich um, ging an ihm vorbei, mit einem leicht streifenden Blick, und sagte nur: »Aber ich gebe dich trotzdem nicht her.«

Er schrieb den Brief nicht zuende. Er schrieb ein Lied dessen Inhalts. Vielleicht hört sie's, dachte er.

Lebensrettungen

DIE ÄRZTIN LAS IHRE PRIVATPOST. Soll heißen, sie suchte sie routinemäßig in dem Wust an täglichen Werbebotschaften der Pharmazie. Da war nun ein Brief dabei, mit dem sie zunächst nichts anfangen konnte. Die Frau saß in ihrer geschmackvollen kleinen Single-Wohnung am Frühstückstisch, schon fertig angezogen für die Fahrt in die Klinik. Zwischen Schlucken und Bissen riss sie einen Briefumschlag auf, auf dem der Absender, ein mit dem Titel »Mag.« angereicherter Eigenname ihr gar nichts sagte. Dann las sie:
»... werden sich sicher wundern, von mir zu hören. Aber ich habe in der Zeitung Ihr Foto gesehen, anlässlich Ihrer Ernennung zur ›Primaria‹ – herzlichen Glückwunsch! –, da habe ich mir gedacht, das wäre der richtige Moment, mich bei Ihnen zu bedanken, dass Sie mir das Leben gerettet haben. Das war genau vor zehn Jahren, ich hätte es Ihnen schon bei der Entlassung sagen müssen, aber es ist mir erst Jahr für Jahr bewusster geworden. Nehmen

Sie es mir nicht übel, wenn ich nach Ansicht des Fotos sagen muss, Sie sehen noch fabelhafter aus als damals. Mit den besten Wünschen …«

Die Ärztin legte den Brief halb verwirrt, halb geschmeichelt weg. Vor zehn Jahren. Da war sie gerade Oberärztin geworden. Auch an diesem Krankenhaus. Auch damals als »Jüngste«.

Aber wem hätte sie »das Leben gerettet«? Und – vor allem – wie? Sie hatte keine Zeit, länger darüber nachzudenken. Sie räumte das Geschirr weg, warf die Post in den Papierkorb, legte aber den Brief zur Seite.

Als sie abends wieder nach Hause kam, überlegte sie, in welcher Reihenfolge sie ihre Liebhaber per SMS fragen sollte, wer heute Zeit und Lust hätte. Da ihr die Entscheidung nicht leichtfiel, nahm sie wieder den Brief dieses dankbaren Patienten in die Hand. Es dämmerten Bilder, verschiedene Typen, sie erinnerte sich an Diagnosen, die bei Kollegen Widerspruch erregt hatten, mit denen sie aber recht behielt. Einen männlichen Patienten, der Grund hätte, so einen Brief zu schreiben, konnte sie nicht bestimmen. Sie sah sich den Briefkopf an. Da stand auch eine Telefonnummer. Sie wählte. Der Mann dieses Namens hob ab.

»Das ist aber nett, dass Sie sich melden«, sagte er, nachdem die Ärztin sich zu erkennen gegeben hatte.

»Ich wollte mich erstens für den Dank bedanken, das ist ja nicht so häufig, zweitens will ich aus rein fachlichem Interesse wissen, was Ihnen gefehlt hat.«

»Osteomyelitis. Zwei Herde.«

»Das ist nicht angenehm. Aber daran stirbt man nicht. Was heißt: das Leben gerettet?«

»Muss ich Ihnen das am Telefon sagen?«

»Nein.«

Sie trafen sich am übernächsten Abend – am darauffolgenden hatte sie Abenddienst – bei einem von ihm vorgeschlagenen Franzosen. Dass sie den großen, sportlichen, aber sonst in keiner Weise auffallenden Mann schon einmal gesehen hatte, wurde ihr bewusst. Aber noch war nichts erhellt. Seine Auskünfte mussten es bringen.

»Was sind Sie eigentlich von Beruf?«

»Lehrer. Am Gymnasium. Literatur und Sport. Als ich eingeliefert wurde, hatte ich meine erste Festanstellung vor mir. Ich hatte schreckliche Angst, dass ich nicht gesund werden könnte.«

»Haben wir die Osteomyelitis diagnostiziert?«

»Nein. Das haben die in meiner Heimatstadt getan. Ich hab mich damals nur erkundigt, wo die Experten für diese Krankheit sitzen. Da wurde mir Ihre Klinik genannt. Und auf der habe ich dann bestanden.«

»Und bei uns sind Sie wieder gesund geworden. Sicher nach langer Zeit. Sicher unter großen Schmerzen, jedenfalls zu Beginn. Aber, bitte, noch einmal: Inwiefern ›Leben gerettet‹?«

»Jetzt stoßen wir erst einmal an!«

Er hatte einen Sancerre bestellt. Sie tranken. Das Amuse-Gueule war von ihm gegessen und von ihr zur Seite geschoben worden. Er erzählte. Von Schmerzen. Von der Ratlosigkeit der Ärzte, als die Medikamente bei seiner Knocheneiterung nicht oder nur langsam greifen wollten. Von seiner Freude, wenn sie, die Oberärztin, anstelle des abwesenden Primars die Visite leitete oder manchmal auch allein kam und mit ihm über seine privaten Sorgen plauderte. Das hätte ihm unendlich viel bedeutet. Dann kam er zur eigentlichen Beantwortung ihrer Frage nach dem »Leben gerettet«.

»Es war der Tag der Entlassung. Ich war zum Primar bestellt. Der hat mir noch einmal gesagt, dass jetzt alle Befunde einwandfrei sind, dass ich gesund bin, aber dass ich sehr, sehr aufpassen muss. Er hat mir erklärt, was ich längst wusste, nämlich dass diese Krankheit vor dem Zeitalter der Antibiotika Siechtum bedeutet hat, dass sie bei einem zweiten Befall möglicherweise nicht mehr heilbar wäre. Und, was das Furchtbarste war, er hat mir gesagt, da die Ursache der Erkrankung nicht mit Sicherheit festgestellt werden konnte, müsste ich sehr aufpassen, mich hüten vor – und jetzt kam eine nahezu vollständige Aufzählung aller Dinge, die mir mein Leben bedeuten, alles, was ins Extrem, in Leistung geht, alles, was an Grenzen geht, hat mir der Mann verboten. Ich saß da wie ein –«

»– und da sind Sie mir auf dem Gang begegnet«, unterbrach sie fröhlich. Während seiner Erzählung, die sie nie kommentierte, war ihr alles in Erinnerung gekommen, lief bei ihr eine parallele Geschichte ab, die ihrer Perspektive, die auch in diese Begegnung auf dem Klinikgang mündete.

»Sie sind deprimiert auf mich zugegangen –«

»Sie haben mir gesagt: Fein, dass ich Sie noch einmal treffe.«

»Und dann habe ich Ihnen gesagt, Sie sollen diese Monate vergessen, Sie sollen ab heute Ihr ganz normales Leben weiterführen. Die beste Vorbeugung gegen eine Rückfall ist, dass Sie vergessen, je krank gewesen zu sein.«

»Sehen Sie, und das hat mir das Leben gerettet.«

Sie stießen abermals an.

Während des Essens plauderten sie über dieses und jenes, später auch über seinen Beruf. Erst erzählte er viel von der Intensität, mit der er sich bei einem sofortigen Spanienurlaub mit seiner damaligen

Freundin und nachherigen Frau wieder fit gemacht hatte. Die Ärztin hörte nur halb zu, zu stark waren die Bilder, die bei ihr wieder da waren. Ein bedauernswerter junger Mann, der trotz größter Schmerzen nur widerwillig Schmerzmittel zu sich nahm, der, als die Behandlung in Liegen und Zuwarten übergegangen war, ein geistvoller Konversationspartner war, der ihr vor allem imponiert hatte, wie er glühend und gläubig erzählte, wie sehr seine Freundin und eigentlich schon Verlobte sein großer Halt sei. Sie, die in seiner Heimatstadt als Zahnarztassistentin arbeitete, könnte ihn zwar nur einmal wöchentlich besuchen, aber diese Besuche vertrieben ihm alle grauen und oft schon schwarzen Gedanken.

Eines Tages lernte die Ärztin diese junge Frau kennen. Sie betrat routinemäßig das Zweibettzimmer, in dem der Patient aufgrund seiner guten Zusatzversicherung liegen konnte und dessen zweites Bett zurzeit frei war, und traf die Freundin an. Die Frauen wurden miteinander bekannt gemacht, und die Ärztin hatte Mühe, sich nicht herausrutschen zu lassen: Sie hab ich schon einmal gesehen. Das war nämlich genau vor einer Woche gewesen, auf dem Parkplatz der Klinik. Da hatte ein Auto angehalten, eine junge Frau war auf der Beifahrerseite ausgestiegen, ein junger Mann auf der Fahrerseite. Und dann hatten sich diese beiden derartig abgeknutscht, dass es der Ärztin auffallen *musste.* Die dachte sich, es handelt sich um einen Abschied vor einer größeren Operation. Anders waren manche Handgriffe nicht erklärbar.

Jetzt stand sie also dieser Person gegenüber, die des Patienten Lebensglück bedeuten sollte. Sie ließ das Paar sehr rasch allein und hatte von dem Tag an große Mühe, dem Patienten bei seinen immer wieder einmal eingestreuten Schwärmereien über seine Zukünftige mit Pokerface zuzuhören. Es war die Zeit, in der ihr klar wurde, dass ihre eigene Ehe nur mehr von kurzer Dauer sein konnte. Und sie erwischte sich einige Male bei dem Gedanken, es wäre nicht uninteressant, den klugen, netten Patienten endlich einmal aufrecht zu sehen. Jetzt wusste sie genau, dass sie bei der Abschiedsbegegnung im Gang eine Sekunde daran gedacht hatte, den etwa Gleichaltrigen in seiner Zukunftsplanung unsicher zu machen. Wie der so vor ihr dastand, noch blass, aber doch eine erstklassige, in Jacke und Hose auch ungewohnte Erscheinung, hatte sie Lust, ihm zu sagen: Wenn Sie sich da nur nicht irren.

Das Dessert war gegessen. Sie war neugierig.

»Sie hatten damals vor zu heiraten. Was ist daraus geworden?«
Sie bemühte sich, die Frage möglichst beiläufig zu stellen. Er stieg aber voll ein.
»Das war die größere Katastrophe als meine Osteomyelitis. Die war schon während meiner Krankheit die Geliebte ihres Zahnarztes.« Er lachte. »Das ›ihres‹ hat da eine hübsche Doppelbedeutung. Ja und sie ist es nach unserer wunderschönen Hochzeit geblieben. Ich bin sehr lange nicht draufgekommen. Dann war natürlich rasch Schluss.«
Jetzt lachte auch sie: »Das war der Zahnarzt!?!«
»Welcher das?«
»Der Mann auf dem Parkplatz.«
Daraufhin erzählte sie ihm von ihren fraulichen, auch medizinischen Skrupeln.
»Vielleicht war das Gespräch am Gang zu kurz. Sie hatten es ja auch schon so eilig, ins Freie zu kommen, was ich verstanden habe. Aber wenn wir noch einen Kaffee getrunken hätten, hätte ich Ihnen die Geschichte wahrscheinlich erzählt. Ich kann's nicht beschwören. Wie gesagt: Wahrscheinlich. Möglicherweise.«
»Das wäre gut gewesen. Aber ich hätte es vielleicht nicht – doch! Doch! Ihnen hätte ich geglaubt.«
Sie tranken. Nach einer Weile hatte er den Mut:

»Ich bin ungebunden. Allein. Sie?«
»Warum fragen Sie?«
»Das ist doch klar. Eine Lebensretterin lässt man doch ungern –«
»Mein lieber Freund! Ich bin für eine Zweierbeziehung nicht mehr geeignet. Ich bin sexuell gewissermaßen multitasking. Das ist nicht das, was Sie brauchen.«
»Ich soll Sie also nicht anrufen?«
»Nein.« Sie sah ihn liebevoll an. »Ich habe Ihnen einmal das Leben gerettet. Warum soll ich's jetzt ruinieren?«
Er schwieg. Sie griff nach ihrer Handtasche.
»Wir sollten zahlen. Wir teilen.«
Er sagte: »Das ist nicht Ihr Ernst!«
Sie lächelte: »Nein.«
Sie stand auf, gab ihm einen Wangenkuss, ging in Richtung Tür, drehte sich noch einmal um und sagte: »Bleiben Sie gesund!«

Die Ungewissheit

»WIR SOLLTEN AUFHÖREN! Ich glaube, es ist langsam Zeit«, sagte ein etwa siebzigjähriger Mann, der gerade aus der Dusche der Tennishallengarderobe gekommen war. Obwohl er sich lange heiß und kalt abgespritzt hatte, trat jetzt immer noch Schweiß aus, atmete er immer noch überintensiv.
Sein angesprochener Partner saß erschöpft auf der Garderobenbank. Er war gleichaltrig, aber zum Unterschied von seinem langjährigen Gegner stämmig und übergewichtig.
»Und was statt Tennis?« Die Frage hatte etwas Melancholisches an sich.
Wieder angezogen gingen die beiden Herren ins Buffetrestaurant. Der eine bestellte sich Apfelsaft und Mineralwasser, der andere ein Bier und einen Korn.
»Schon am Vormittag?«
»Du hast mich mit deinem Vorschlag aufzuhören geschockt. Obwohl du recht hast. Ich geniere mich ja schon vor den Leuten am Nebenplatz.«

»Und ich hab Angst, dass mir schlecht wird.«
Die beiden Männer kannten sich von Kindesbeinen an. Sie hatten miteinander gespielt, miteinander gelernt, miteinander die wesentlichen pubertären Probleme gemeistert. Sie waren wie Brüder und blieben es auch, als sie verschiedene Wege einschlugen. Der eine studierte Musik, wurde Dirigent und machte eine Weltkarriere, der andere ging auf die Kunstakademie, galt von Anbeginn an als kommender Star, konnte dieser Erwartung aber nicht ganz entsprechen.

Der Dirigent, der viel von diesem Maler hielt, begriff nicht, woran es lag, dass der Freund den, wie es so schön heißt, »internationalen Durchbruch« nicht schaffte. Und am Ende der Analyse war er immer froh, Dirigent und kein Komponist zu sein.

Die entschlussreife Erwägung der beiden Hobby-Tennisspieler, es sein zu lassen, ging über in eine nostalgische Plauderei über die vielen gemeinsamen Lebensstationen. Sie nahmen einander auf den Arm, aber die Art, wie sie darüber lachten, verriet eindeutig, das war eine echte Freundschaft.

Im Zuge der Anekdotenerzählerei landete der Maler beim dritten Bier und beim zweiten Schnaps. So ging die Vergangenheitsbewältigung – durch ihn angeregt – immer mehr ins Ernste. Er erzählte, wie sehr er sich in der Karriere des Dirigenten mitgesonnt hatte, wie wichtig es für ihn war, nach großen Opernpremieren oder Konzerten an dessen Seite zu sein und zu genießen, als engster Freund und »großer Maler« bekannt gemacht zu werden.

»Eines muss dir klar sein. Ich war immer eifersüchtig.«

»Du hast es dir nie anmerken lassen.«

»Deine Frau kannst du leider nicht mehr fragen. Sie hat es gespürt. Und ich habe gespürt, dass sie es spürt.«

Die Frau des Dirigenten war – gleichaltrig mit ihrem Mann – vor vier Jahren nach langem Lungenleiden gestorben. Sie war von Beruf Musiklehrerin am Gymnasium gewesen und hatte, nach der Pensionierung, einen überaus erfolgreichen Jugendchor gegründet.

»Großartig, wie du den Verlust weggesteckt hast. Sie war eine große Frau.«

Damit war das Bilanzgespräch bei Frau, Frauen und Frauengeschichten angelangt. Obwohl der Dirigent keinen Alkohol trank, ließ er sich von der Unbedenklichkeit des immer betrunkeneren Gegenübers anstecken.

An dieser Stelle muss angemerkt werden, warum der Dirigent nichts trank. Weil er Alkoholiker war.

Weil vor vielen, vielen Jahren sein Generalmusikdirektor – er war damals noch 1. Kapellmeister – gesagt hatte: »Sie müssen sich entscheiden, Herr Kollege. Wollen Sie Karriere machen oder vor die Hunde gehen?«

Zur selben Zeit hatte seine Frau gedroht, ihn wegen des Saufens zu verlassen. Seine Beteuerungen, er hätte die Sache im Griff, hatte sie ihm widerlegt. Und als er kurz danach hörte, dass man im Orchester schon Witze über seine Formschwankungen machte, ging er zum Arzt. Der stellte nach einem Generalcheck fest, der interne Zustand sei schon langsam lebensbedrohlich. Das reichte. Er entschloss sich zu einer Entwöhnungskur und rührte danach keine Flasche mehr an. Nun, das stimmt so nicht. Er rührte sie selbstverständlich an, wenn Gäste da waren. Er offerierte die feinsten Destillate, schenkte auch ein, trank aber selbst keinen Schluck mehr.

So auch jetzt nicht, als der Malerfreund immer begeisterter von Amouren, Exzessen und Rosenkriegen erzählte. Dem Dirigenten war vieles nicht neu, aber die Begeisterung über das Geleistete und offenkundige Vollzähligkeit der Erinnerungen störte ihn. Er hatte das Gefühl, der Freund würde ihm jetzt, wo sie gemeinsam den Beschluss erwogen, alt zu sein, beweisen wollen, auf welchem Gebiet er der große Heroe gewesen war. Der Dirigent nahm den Wettbewerb an. Er erzählte von Sängerinnen, von Choristinnen, von Tänzerinnen, und zwar von Stockholm bis Buenos Aires und von London bis Tokio. Das Buffetrestaurant der kaum besuchten Tennishalle wurde zum seltsamen Schauplatz eines Machoduells.

»Und was weißt du von ihr?« Die Frage des Malers kam unerwartet und klang ein wenig tückisch.

Der Dirigent erzählte, er hätte einen ziemlich begründeten Verdacht gehabt, am Anfang, da wäre was mit einem jungen Deutschlehrer gewesen, sie hätte natürlich geleugnet, nein, sie hätte die Geschichte ins Harmlose gezogen. Ihn hätte sie an der langen Leine gelassen, weil sie wusste, in ihrer Nähe, in ihrem »Hoheitsbereich« würde er unter Garantie nichts anstellen. Sie hätte dann mit dem Beginn des Wechsels Interesse am Sex verloren, das Thema »Treue« sei nie zur Sprache gekommen, und dass er seine Frau sehr geliebt habe, sei von seinem Tourneeleben gänzlich unberührt geblieben.

»Wie hieß der Deutschprofessor?«

Der Dirigent nannte den Namen und sagte dazu, es wäre ein wirklich kluger und attraktiver junger Mann gewesen.

»Von dem weiß ich nichts.«

Der Dirigent begriff nicht, dass er das Thema akzeptierte. Er war total durcheinander. Was sollte das heißen: Von dem weiß ich nichts?

»Ja, von wem weißt du denn was?«

»Soll ich's dir wirklich sagen?«

»Du musst.«

Da erzählte der Maler sehr präzise, dass des Dirigenten Frau, bevor sie mit der – mittlerweile mit einem Politiker verheirateten Mutter von zwei Kindern – schwanger wurde, zwei Jahre lang die Geliebte eines Journalisten war, eines politischen Leitartiklers. Sie hätte damals auch ernstlich erwogen, den Dirigenten zu verlassen.

Der zitterte.

»Wer hat dir das gesagt?«

»Sie.«

Der Dirigent sah blöde drein.

»Du warst in den Staaten, und sie hatte den ersten schlimmen Befund. Da hat sie mich angerufen, mich eingeladen, mit ihr ein Glas Wein zu trinken, sie wollte an diesem Abend nicht allein sein. Irgendwann habe ich einmal gefragt, ob's ihr nichts ausgemacht hätte, ein Leben lang so oft allein zu sein. Da hat sie gesagt, so allein wäre sie nun auch nicht immer gewesen. Und dann hat sie mir ganz locker zwei Geschichten erzählt. Sie hat mir das Ehrenwort abgenommen, es dir nicht zu sagen. Aber ich glaube, sie wollte, dass es einer weiß, wenn sie nicht mehr da ist, sie wollte, dass du es dann erfährst.«

Der Dirigent konnte keinen klaren Gedanken mehr fassen.

»Ich hab den Mann gekannt. Man hat sich hie und da gesehen. Auch miteinander geplaudert. Der hat mich sogar einmal in einem politischen Kommentar erwähnt. Nach ›Nabucco‹. Er hat da irgendeinen politischen Vergleich …«

Er drehte das Glas in seiner Hand. Wenn das jetzt Gin wäre, gnade mir Gott!, dachte er sich. Dann schoss es ihm ein:

»Du hast gesagt, zwei Geschichten.«

»Ja. Aber die zweite erzähle ich dir nicht.«

»Das kannst du nicht machen! Du kannst nicht was andeuten, und dann –«

»Wenn du darauf bestehst. Sie war drei Jahre – nein, das brauchst du nicht zu wissen.«

»Sag's.«

Der Maler nahm einen tiefen Schluck. Er zelebrierte die Auskunft.

»Sie war drei Jahre lange mit …«

Der Dirigent meinte nicht recht zu hören. Das war doch der Name einer Frau. Einer Frau, die er auch gut kannte. Gekannt hatte. Es war eine liebe Freundin der Familie, eine junge, phantasievolle

Architektin, die ihre erste und dann ihre große, zweite Wohnung, das wunderbare Penthouse, eingerichtet hatte, eine geschiedene, selbstbestimmte Frau mit zwei bezaubernden Kindern. Die hatte doch immer von einem Freund erzählt, in einer anderen Stadt, in die sie dann auch gezogen war, was den Kontakt abreißen ließ?

Der Dirigent konnte seine Fragen nicht mehr koordinieren. Der Maler beantwortete sie mit einem unterschwelligen Spaß an der Sache. Getrennt hätten sich die Frauen ein Jahr vor der Übersiedlung der Architektin, aber es wäre keine Trennung von heute auf morgen gewesen, sondern ein einjähriger Abschied.

In ihren Dispositionen wären sie virtuos gewesen. Ihr Treffpunkt war das in einer Stunde erreichbare Wellnesshotel, wo sie sich eben nicht nur verschönern ließen.

Der Dirigent begriff mühsam.

»Das hat sie dir alles erzählt?«

»Tut mir leid. Aber du hast es ja hören wollen.«

Der Dirigent rief »Zahlen!« und bezahlte wie immer für beide.

Zu Hause zertrat er zunächst einmal sein Tennisracket und stopfte die Trümmer zugleich mit Shirt, Socken, Tasche und Bällen in den Müll. Dann sagte er zwei Termine ab und ließ sich in den großen Fernsehfauteuil fallen. Seine Biografie war auf den Kopf gestellt. Er war ein betrogener Betrüger. Ein Hanswurst.

Er sprach mit sich. Ich habe doch damals, nachdem sie den Brief der Sopranistin … habe, quasi gebeichtet. Aber sie war nicht interessiert. Ich habe das für Größe gehalten. Ich habe das bewundert. Dabei war das nur ihre Mutlosigkeit aufgrund ihres eigenen Verhaltens. Sie hätte uns beide befreien können. Sie hat es nicht getan.

Wem hat sie es noch erzählt? Unserer Tochter? Nur ihm?

Der Tochter sicher nicht. Mutter und Tochter hatten kein Vertrauensverhältnis. Soll ich mein Kind fragen? Nein. Da würde ich es ihr ja sagen, falls sie es nicht weiß. Wie stünde ich vor ihr da?

Hat er es weitererzählt? Sie hat mich doch geliebt. Sie hat mich für meine Erfolge bewundert. Hat es sie wenigstens geschmerzt, mich zu betrügen und nicht die Kraft zu haben … Wir haben uns nichts vorzuwerfen! Sie war schwer krank. Hat das was damit zu tun? Ich bin ein wehleidiger Monomane. Mir fehlt die Größe, nicht so verletzt zu sein, wie ich es mir in den schlimmsten Träumen nicht hätte vorstellen können.

Er kochte sich einen Kaffee. Beim Abstellen der

Tasse verschüttete er die Hälfte. Er musste mit jemandem reden. Mit wem? Es fiel ihm eine Freundin seiner Frau ein, deren Eheprobleme einmal am Rande erwähnt worden waren. Eine Hautärztin. Er forderte von der Sprechstundenhilfe die sofortige Verbindung, die Ärztin hob ab. Er ließ ihrer Verwunderung über seinen Anruf keinen Raum.

»Hast du gewusst, dass …?«, und dann fasste er sein Unglück zusammen.

Die Stimme am anderen Ende der Leitung blieb ruhig.

»Erstens war sie bis zu ihrem Tod deine Frau. Also hat sie sich für dich entschieden. Zweitens, wenn jemand keinen Grund haben sollte, sich aufzuregen, dann bist es wohl du. Oder glaubst du ernsthaft …« Es folgten einige uncharmante Beschreibungen seines Rufes. Dann aber hatte sie keine Zeit mehr und verabredete sich mit ihm zum Abendessen.

Da saß er nun, nach wie vor zerstört, und hörte sich die überlegene Draufsicht einer erfahrenen Frau an. Vor allem nahm sie den Maler auseinander, der – ihrer Ansicht nach – die Geschichten nie hätte erzählen dürfen. Sie machte seine Karrierekomplexe für sein Verhalten verantwortlich und lenkte somit die Wut des Dirigenten auf Gott, die

Frauen, das Leben, auf sich, auf den Malerfreund. Leicht entspannt trat er den Heimweg an.
Zu Hause überlegte er sich ernsthaft, ein Schlafmittel zu nehmen, da er nicht einmal in der Lage war, einem Fernsehprogramm zu folgen. Da läutete das Telefon. Es war die Hautärztin.
»Mir ist noch was eingefallen. Ich glaube nicht, dass sie ihm das Ganze so genau erzählt hat. Er hat ganz sicher dazugedichtet. Und es kann selbstverständlich auch sein, dass er alles erfunden hat. Ich kenn den Kerl. Sehr gut. Vor meiner Ehe, damit du nicht auf blöde Gedanken kommst. Das ist ein notorischer Lügner. Mir war eure Freundschaft nie ganz verständlich. Es muss nicht stimmen.«
Der Dirigent bedankte sich für den Entlastungsversuch. Minuten später war ihm bewusst: Das war der Todesstoß. Mit der Gewissheit, betrogen worden zu sein, hätte er leben können. Aber mit dem ewigen Zweifel, war es so, war es so ähnlich oder war es nicht so, nicht.
Er ging zur Hausbar und öffnete eine »Alte Zwetschge«. Drei Tage danach wurde er in die Klinik eingeliefert. Die Dame in der Wohnung unter dem Penthouse hatte sich die Zertrümmerungsgeräusche aus der Wohnung darüber nicht mehr erklären können.

Das Mädchen im Regen

EIN RIESIGES GEWITTER KÜNDIGTE SICH AN. Der Mann kannte die Gewitter an diesem See gut. Er kannte sie seit Jahren. Er konnte vorhersehen, welche über die Berge nur herdrohend vorbeizogen, welche nach kurzem Geprassel mit einem versöhnlichen Regenbogen und allgemeinen Geglitzer endeten und welche sich mit nicht mehr abziehen wollendem Regen für Tage und Tage über dem See niederließen.

Er war mit seinem Boot bei stechender Sonne weggerudert, hatte stundenlang in der kleinen Bucht auf die Zander gewartet, sie auf ihn nicht, und jetzt ging der Sturm ohne Vorgeplänkel los, die Blitze waren da, auf der Wasseroberfläche detonierten die ersten flüssigen Geschosse. An ein Heimrudern, um sich in Sicherheit zu bringen, war nicht zu denken. Und was hieß schon Sicherheit? Er fühlte sich völlig sicher, als er mit einigen schnellen Schlägen das Ufer erreichte und sein Boot zwischen den oft bewährten zwei großen Steinblöcken gut verklemmt hatte. Unter den dichten Zweigen der Büsche, tief unter darüber ragenden Baumästen, besah er sich die Komödie. Wie immer fielen Segelboote um, als ob sie einen Tritt bekommen hätten, wie immer knatterten Surfer in imponierender Haltung in die von ihnen unerwünschte Richtung, um irgendwann einmal, möglichst noch vor Einbruch der Dunkelheit, hilflos treibend von Motorbooten eingesammelt zu werden.

Freilich, er hätte sich noch ein wenig wohler gefühlt, wenn er sein Ölzeug und die Gummistiefel dabeigehabt hätte.

Aber auch der nackte, leicht fröstelnde Oberkörper und der langsam immer nasser werdende Jeanshosenboden im alten Ruderboot verhalfen zu einem anständigen Jack-London-Selbstgefühl.

Der Teufel war los. Es hagelte.

Der Sommer hatte eben erst begonnen als Superurlaubssommer, als Entwurf eines Rekordsommers. Die Feriengäste der letzten Woche der Vorsaison waren braun und dynamisch wie noch nie. Aber für die, die ab jetzt die ersten zwei Wochen der Hauptsaison gebucht hatten, konnte sich die Katastrophe anbahnen. Der Mann sah sich den Regenhimmel genauer an. Der sollte jedenfalls für eine Woche reichen. Der zutiefst Unsoziale in ihm hoffte es. Denn er war ja nicht auf Urlaub, er lebte hier, er wusste, die Sonnentage würden, auf den ganzen Sommer hochgerechnet, zu den Regentagen in einem angenehmen Verhältnis stehen. Diesmal war Dauerregen dran, und der Unsoziale in ihm hatte noch nie Mitleid mit Urlaubern.

Hier länger zu warten war sinnlos. Der Regen würde nicht aufhören, und Blätter und Äste boten keinen Schutz mehr. Er ruderte los, plagte sich über die Wellen, kam nur mühsam voran, aber er fühlte sich riesig. Wenn das Ufer Publikum war, dann war das ein erstklassiger Auftritt.

Er sah unwillkürlich zum Ufer hin, das durch den Regenvorhang viel weiter entfernt zu sein schien. Da winkte wer. Eine sie. Oder waren das zwei? War jetzt eine der Figuren verschwunden? War das Mädchen, das da winkte, nackt? Aber jetzt winkte es nicht mehr. Jetzt war es überhaupt weg. Da hatte ihm ein nacktes Mädchen gewunken, jenes, das er schon kannte. Kein Zweifel, das war sie. Er dachte: Soll ich hinrudern, um mich zu vergewissern? Bei diesem Regen und Sturm? Und überhaupt, wozu denn? Davon abgesehen, sie ist es ja.

Er hatte sie zum ersten Male durch den Zaun der Tennisplätze gespürt. Es war einer der ersten, brütend heißen Tage, und sein Sohn weigerte sich, um die Mittagszeit mit ihm Tennis zu spielen. Es wäre ihm zu heiß, erklärte er. Wütend ging der Mann allein, in der Hoffnung, auf dem Platz einen Partner aufzutreiben. Stundenlang wollte er spielen, bis zum Umfallen, um seinem Sohn zu zeigen, was Härte ist. Er fand einen Partner. Der fand es zwar leicht blöde, bei diesem Wetter nicht zu baden, wollte ihn aber nicht hängen lassen. Und dann trieb er ihn über den Platz, als ob er ihm beweisen wollte, dass seine Kondition für diese Mittagshitze nicht reichte.

Der Mann spürte ihren Blick. Er lief nach einem Ball, den er normalerweise aufgegeben hätte, retournierte mit letzter Kraft und machte den Punkt. Dann erst hatte er Zeit, sich umzudrehen, um sich zu vergewissern, ob tatsächlich jemand zugesehen hätte. Da stand hinter dem Maschendraht ein Mädchen. Sie hatte zugesehen. Wie lange wohl schon? Er hatte leider einige ärgerliche Fehler gemacht. Er fragte sich: Hatte sie die gesehen? Sein letzter Volley-Stopp allerdings war Weltklasse. War sie da schon da? War sie überhaupt Tennisspielerin? Konnte sie beurteilen, um welches Niveau es sich hier handelte? Oder hatte sie ihn einfach nur erkannt? Oder gesucht? Ihn.

Er spielte sofort um sein Leben. Er gewann zwei Games hintereinander. Sie war sehr jung, sehr bunt. Wie jung, war so im raschen Hinschauen nicht zu sehen. Außerdem sah er überhaupt nicht mehr viel, so sehr hatte der Schweiß seine Augen verklebt. Er verschlug einen Smash ganz knapp. Hatte sie dieses Pech gesehen? Er drehte sich um. Sie war weg.

Seine Motivation brach in sich zusammen. Er ging rasch unter und war froh darüber.

»Also ein paar Games haben Sie gespielt wie der Teufel«, sagte der Partner nachher. »Woher haben Sie plötzlich die Luft gehabt? Bei der Hitze!«

Sein Bootssteg tauchte aus dem Regen auf. Er ruderte, wie er diese paar Games Tennis gespielt hatte. Denn von diesem Bootssteg aus hatte er sie zum zweiten Male gesehen. Er lag ganz allein in der Sonne, seine Frau betätigte sich hinter dem Haus bei den Kräutern, und sein Sohn war ins Seerestaurant gegangen, weil ihm das Bier ausgegangen war. Für seine sechzehn Jahre säuft er viel zu viel Bier, ärgerte er sich. Er werde das abstellen, in diesem Sommer. Radikal.

Als er aufstehen wollte, um sich ein Glas eiskalten Weißwein zu holen, sah er das Mädchen schwimmen. Es war nicht beweisbar, dass sie es war. Es war nur der Kopf zu sehen, vom nassen Haar verändert, außerdem schwamm sie in einigem Abstand vom Ufer hin und her und hin und her und hin und her. Und sie sah immer wieder zum Strand her. Natürlich war sie es.

Weit draußen schwamm sie. Sie hatte wohl längst gesehen, dass er sie bemerkt hatte, aber sie änderte ihr Verhalten nicht. Sie schwamm nicht näher. Er fragte sich: Soll ich sie herwinken? Er hätte gerne Näheres gewusst oder auch gesehen, aber es lag ohnehin alles auf der Hand. Hatte sie es von jemandem erfahren? Er stand da mit, soweit nötig, eingezogenem Bauch. Da war ein begonnener Sommer, die Sonne, ein See, und da draußen schwamm ein schönes junges Mädchen vor ihm hin und her. Er holte sich den Wein. Ein Zuprosten wollte er riskieren. Das müsste selbst auf die Distanz noch wahrnehmbar sein.

Als er mit der Flasche kam, hatte sie abgedreht, schwamm weg und blickte nicht mehr zurück. War sie enttäuscht über sein zu passives Verhalten?, hätte er gerne gewusst.

Kurz vor dem Anlegen, das bei diesen Wellen und dem vielen Angelzeug im Boot nicht einfach werden würde, kam seine Frau, von oben bis unten im Ölzeug, aus dem Haus, half ihm und behauptete, er sei blau gefroren. Überdies wollte sie ihn daran erinnern, dass sein Sohn dieses Gewitter schon vor Beginn des Fischzuges angekündigt hätte. Er fand beide Bemerkungen unnütz und stellte sich unter die heiße Dusche.

Der Abend war wunderschön. Er hatte ein paar Schnäpse getrunken, um eine etwaige Verkühlung abzutöten, und saß absichtslos in seinem Zimmer. Der Sturm hatte sich ziemlich beruhigt, der Regen nicht. Er war so laut, dass die CD-Anlage seines Sohnes ein Stockwerk über ihm keine Chance mehr hatte, ihm auf die Nerven zu gehen.

Er dachte an das Mädchen. Heute hat sie, falls sie es war, und sie war's natürlich, gewunken. Nun gut, ein Mädchen hat gewunken. Warum denke ich daran? Bin ich verrückt?

Warum höre ich das Klopfen an der Haustüre überhaupt? Bei diesem Regengeprassel? Habe ich auf jemanden gewartet? Bestehe ich nur mehr aus Bereitschaft zu hören, wenn jemand klopft?

Er knipste das Licht im Flur an, dann von innen das Licht vor dem Hauseingang und öffnete.

Da stand ein Mädchen. Es war das Mädchen.

Wie alt, war wieder einmal nicht genau festzustellen, nur dieses: zu jung. Sie stand da, wie man in Filmen bei Regen vor dem Haus steht, bis auf die letzte der dünnen Fasern durchnässt, die Haare schwarz und triefend. Und da war noch eine Nässe, die in den Augen, und die war nicht vom Regen. Das Mädchen hatte geweint.

Sie hat mit sich gerungen, hat aufgegeben und ist gekommen. Einfach gekommen. Quer durch den Regen.

Was sollte er jetzt tun?

Aber sie hatte was gesagt.

»Ist er zu Hause?«

Er versuchte sein schnapsdurchweichtes Gehirn zu ordnen. Nach wem fragte sie denn? Ich steh ja vor ihr!

»Ist er nicht zu Hause, der …?« und sprach ihn aus, den Namen seines Sohnes.

Mechanisch brüllte er den Namen in den oberen Stock hinauf, bat das Mädchen herein und rettete sich in sein Zimmer.

Das plattenspielende Kind über ihm war also ein getarnter Mann. Alles, was er bei ihm übersehen hatte, musste er bei sich übersehen haben. Verringert konnte sich der Abstand der Jahre ja nicht haben.

Er bekam Kopfschmerzen. War das die beginnende Grippe?

Der Junge musste dem Mädchen von einem mutmaßlichen Tennisspiel gegen seinen Vater erzählt haben. Sie wollte ihn spielen sehen. Doch sie war ihm kein Grund gewesen, es nicht zu heiß zu finden.

Sie hatte ihn auf und ab schwimmend gesucht, um den Kontakt nicht abreißen zu lassen. Während er dem Gewitter zusah, hatten sie ihn hergestellt. Und dann hatten sie einem auf den Wellen treibenden Vater tröstend zugewinkt.

Irgendwann hatte es wohl Zank gegeben, und irgendwann, während er Schnaps soff, unter Tränen einen hingebungsvollen Entschluss zur Versöhnung.

Realität ist abgeschmackt, unpoetisch und männerfeindlich, dachte er.

Das Beste an der Geschichte muss mein blödes Gesicht gewesen sein, als ich sie im Türrahmen sah, sagte er zu sich. Aber das hatte ja keiner gefilmt. Auch die Komik war in die Nacht verschossen.

Seine Zukunft lag klar vor ihm.

Den ganzen Sommer würden auf allen Tennisplätzen Mädchen hinter Maschengittern auftauchen und nicht wegen ihm zusehen wollen, Wasserballette würden sich vor dem Bootssteg abspielen und nicht einmal auf seinen Applaus warten.

Bei Gewitter würde es vor der Haustür zu Staus kommen.

Die Musik von oben ging ihm auf die Nerven.
Der Sommer dauerte ihm schon zu lang.
Herbst ist meine Jahreszeit, der frühe Herbst, erkannte er.
Und zu allem noch dieses unsägliche Scheißwetter!
Er rettete sich zu seiner Frau.
»Du bist wehleidig«, sagte sie.

Die Löwendressur

»WO WARST DU GESTERN?«
Die Frau, die diesen Satz sagte, hatte normalerweise eine angenehme Stimme. Diesmal aber von verzweifelter Schärfe.
Der Mann saß starr da und schwieg. Sie gab nicht nach.
»Warum sagst du nichts? Du kannst es doch ruhig zugeben?«
Sie variierte den Tonfall der Fragen. Zwischen Aggression und gespieltem Verständnis. Sie entwarf Szenarien, was sie alles machen würde, würde er nicht gestehen. Dann, was sie alles nicht machen würde, würde er gestehen.
Nichts führte zu einer Reaktion bei dem Mann. Er saß nur da. Er dachte, ich muss nur eine Terrornacht überstehen. Um fünf Uhr kommt das Taxi. Das Flugzeug fliegt um 6.30 Uhr. Dann habe ich das zweiwöchige Gastspiel. Danach müsste der Druck aus der Sache draußen sein. Ich habe keine Lust mehr auf die Debatten. Sage ich, es war was,

ist die Scheiße am Dampfen. Sage ich, es war nichts, will sie mir beweisen, dass ich lüge. Es ist sinnlos. Absolut sinnlos, das Spiel immer wieder durchzuspielen.

Also schwieg er weiter.

Nach zwei Stunden sagte sie, schon leicht heiser: »Wenn du heimkommst, habe ich deine Sachen schon gepackt. Dann verschwindest du bitte. Das ist ja das Letzte! Sitzt der da und redet nicht mehr. Mit mir nicht!«

Sie entwich in das Schlafzimmer und sperrte die Türe hinter sich ab.

Er saß da. Immer wieder dieser Affenzirkus, dachte er. Dann schoss es ihm ein: Wieso Affen? Wieso Zirkus? Affen sind doch sicher nicht so sehr in Ritualen verhaftet. Und Zirkus? Zirkus ist etwas ganz anderes.

So saß er da, bis er wegdöste und vom Läuten des Taxifahrers geweckt wurde.

Der Entertainer liebte den Zirkus. Von Kindesbeinen an. Von dem Tag an, als er zum ersten Mal dieses bunte Zelt gesehen hatte, die Wagen rundherum und einen ihm neuen Geruch wahrnahm. Das Kind hatte wohl gehofft, dass dieses Zelt für immer stehen bleiben würde und war daher richtig erschrocken, als eines Tages wieder nichts da war

als die ramponierte Wiese zwischen den Häusern.
Dann war es endlich so weit, dass der große Bruder ihn in einen wieder einmal gastierenden Zirkus mitnahm, in die letzte Reihe auf dem »zweiten Platz«. Von dem Tag an wusste er, welch wundersame Dinge in so einer Manege passierten. Fliegende Menschen blieben ihm in Erinnerung, ein Motorrad fahrender Bär und natürlich die angemalten Spaßmacher. Er hörte zum ersten Mal in seinem Leben das Wort »Clown« und wusste bis zu den späteren Irritationen »Rechtsanwalt«, »Lehrer« oder »Tropenforscher« ganz genau, was er einmal werden wollte.
Als Halbwüchsiger begriff er, dass es möglich war, sich zwanzig Minuten nach Beginn der Vorstellung einen Gratis-Einlass zu erbetteln. Bei Fehlversuchen – die gab es manchmal auch – ging er todtraurig nach Hause.
Dann kam die Zeit, als er sich für jeden Zirkus, der ihn interessierte, eine Eintrittskarte kaufen konnte. Da ihn alle interessierten, wurde er geradezu zum Fachmann.
Als es so weit war, dass die Pressechefs der großen Zirkusse ihn gerne einluden, in der »Galapremiere« in der Loge zu sitzen, sah er sofort, dass der kleine Junge aus der ungarischen Schleuderbretttruppe mittlerweile zum Boss geworden und seinerseits

seinen Sohn nach dem zweifachen Salto auf den Schultern fing.
Es waren ihm natürlich auch die Problematiken dieses Gewerbes bewusst geworden. An Motorrad fahrenden Bären hätte er keine Freude mehr gehabt. Aber die und Ähnliches gab es ja kaum mehr. Die grundsätzliche Verdammung von Tierdressuren beurteilte er allerdings immer differenziert. Denn, so dachte er, die menschliche Gesellschaft hat eine erstaunliche Gleichmut in der Hinnahme von Menschendressuren, von Fließband bis – und jetzt fiel ihm immer eine lange Reihe von Tätigkeiten ein, die er einem Tier niemals zumuten wollen würde.
Fanatische Tierschützer brachte er in Wallung, weil er zum Beispiel vermutete, die Raubtiere im Zirkus hätten es gut, die kriegten täglich ihr Fleisch, dürften durch Reifen springen und ersparten sich die anstrengende Jagd an dreckigen afrikanischen Flussufern, müssten keine Antilopen totbeißen und sich mit Artgenossen in Lebensgefahr um die Beute balgen. Er meinte das nicht ernst, aber die durch derartige Aussagen erzielte Empörung machte ihm die Sinnhaftigkeit der Provokation bewusst. Was Freiheitsdressuren von Pferden anlangt, hatte ihm ein großer Tierkundler die Argumente gelehrt. Pferde hätten an dem Ringel-

reihen im Manegenrund Freude, ganz zum Unterschied zu den Sprüngen über Hürden, die ihnen um Geld reitende Tierquäler zumuteten.
Der Entertainer war diesmal in die Schweiz geflogen, als ein Zirkus, auf den dieses Land stolz war, möglicherweise noch heute ist, der für das Nonplusultra gediegener Zirkustradition galt, vor der Saisonpremiere stand. Der Pressechef des Zirkus, ein alter Bekannter, fand heraus, in welchem Hotel der Entertainer wohnte, und lud ihn zur Premiere ein. Der konnte die Einladung aber nicht annehmen, da er an diesem Abend selbst aufzutreten hatte. Er bedauerte derartig, nach längerer Zeit nicht wieder einmal ein Programm dieses Zirkusunternehmens sehen zu können, dass der Pressechef ihn zur Generalprobe in den Festbau einlud. Und das war für den zirkusbegeisterten Entertainer völlig neu: die Generalprobe eines Zirkus vor Beginn der großen Tournee.

Eine makellos ablaufende Zirkusvorstellung ohne Publikum hat etwas Magisches. Die Artisten spielen, als ob Publikum da wäre, machen ihre Bewegungen, ihr Kompliment, ihre Signale zur Auslösung eines Applauses in den leeren Raum. Alle Gesetze des Schaugeschäftes sind für den Betrachter studier- und bewunderbar.

Die Nummern waren erwartungsgemäß überwiegend ausgezeichnet. Die Clowns fand der Entertainer, wie fast immer, schlecht, gab sich aber zu bedenken, dass eine Clownnummer ohne Reaktionen möglicherweise nicht wirklich fair zu beurteilen ist.
In der Pause wurden die Gitter für die Raubtiernummer aufgebaut. Das Zirkusorchester spielte dschungelartige Klänge. Die Raubtiere kamen. Eine imponierend große, gemischte Gruppe. Der Dompteur, ein stämmiger, junger Spross der Zirkusdynastie, begann mit der Vorführung der längst bekannten Positionswechsel, Sprünge und Formationen. Was die Nummer von ähnlichen unterschied, waren das Tempo und die Eleganz des kaum agierenden Dompteurs. Alles klappte bis zu dem Moment, als ein Löwe eine Handbewegung des Dompteurs ignorierte und sich nicht – wie alle anderen Tiere – auf die Hinterbeine stellen wollte. Der Dompteur flüsterte ein leises »Sultan!«. Ergebnislos. Sofort war allen Menschen im Festbau klar, da klappt was nicht. Die Tiere verharrten gelangweilt. Die Menschen aber begannen gespannt und immer gespannter zuzusehen. Durchaus denkbar, dass da schon ein kundiger Wärter eine Schusswaffe bereitstellte.
Der Dompteur stand vor dem Löwen. Er suchte den Augenkontakt. Er ging näher hin. Dann wie-

der weg. Nichts. Der Löwe Sultan wurde nicht böse, nicht aggressiv. Er wollte nur nicht.
Man spricht in solchen Fällen von »Sekunden, die zu Minuten werden«. Hier wurden Minuten gleichsam zu einer Stunde. Niemand in der Halle gab auch nur einen Laut von sich. Der Dompteur und sein Löwe Sultan trugen ein Duell aus. Ein Duell, bei dem nach allen Erfahrungen der Branche der Dompteur Gesundheit oder Leben riskierte, Kopf und Kragen. Der Entertainer schwitzte synchron mit dem Dompteur. Nach Minuten, also einer Ewigkeit, tat der Löwe, was er laut Dressur zu tun hatte. Die Nummer lief zu Ende. Die Generalprobe ging weiter.
Der Entertainer war zu aufgewühlt, um dem zweiten Teil noch sehr aufmerksam folgen zu können. Nach der im Allgemeinen als tadellos empfundenen Generalprobe versammelten sich alle, auf Einladung des Pressechefs auch der einsame Probengast, in der Zirkuskantine, einem großzügigen Lokal von der Qualität eines gehobenen »Italieners«. Man aß und trank.
Nach einiger Zeit kam auch der sichtlich gebrochene Dompteur. Den Entertainer hielt es nicht mehr auf seinem Sitz. Er ging zu dem Mann hin, machte sich bekannt, stellte mit Vergnügen fest, dass er gekannt war, und fragte:

»Erklären Sie mir bitte eines: Warum haben Sie nicht aufgegeben, die eine Phase hätten Sie doch überspringen können? Das hätte doch keiner gemerkt.«
Die Antwort kam stockend, aus dem Mund eines schwer Verwundeten: »Wenn ich *einmal* nachgebe, macht der nie mehr, was ich will. Dann ist die ganze Nummer im Arsch. Ein Jahr Arbeit.«
Und nach einer Weile: »Das war das letzte Mal. Nie mehr arbeite ich mit einem Löwen. Wenn der in der Brunft ist, geht nichts mehr. Da kannst du dich aufhängen. Nie mehr mit einem Löwen. Nie mehr.«
Der Entertainer wünschte dennoch alles Gute für die Premiere und die Tournee, ließ den Zerstörten wieder allein und trank mit dem Pressechef noch ein paar Glas Rotwein. Dabei besprachen die beiden Männer nur diesen Vorfall.

Ins Hotel gekommen nahm der Entertainer noch einen aus der Minibar. Dann versuchte er nachzudenken. Über Dressur. Über Abhängigkeit. Über Freiheit. Über Sabotage. Über Gegenangriff. Er versuchte Parallelen zwischen der letzten Situation mit seiner Partnerin und dieser Zirkusepisode herzustellen. Er kam auf keinen grünen Zweig. Zur Logik war er nicht mehr in der Lage.

Er rief zu Hause an.
Er sprach nicht sehr flüssig.
»Was willst du noch?«, klang es ihm eisig entgegen.
»Ich wollte dich nur fragen, ob du weißt, wie schwer die Dressur eines Löwen in der Brunft ist?«
»Spinnst du?«
»Nein. Ich möchte nur wissen, ob du –«
»Meinst du mit Löwen dich?« Sie wartete die Antwort nicht ab. »Da würde ich doch eher von einem Bock sprechen.«
Gott sei Dank, dachte der Entertainer, sie hat ihren Humor wieder.
Im Traum sah er sich im Gitterrund auf einem Hocker sitzen und eine nervöse, aber furchtlose Dompteuse anlächeln.

Das abgeschnittene Glied

SIE TRAFEN SICH IM KAFFEHAUS, wie fast wöchentlich einmal, der Erzähler und der Zeichner. Wozu zu sagen ist, dass diese nach Bedeutung klingenden Berufsbezeichnungen ihre Träger nicht hinreichend ernährten. Der Erzähler war auch Stellvertretender Pressechef der Stadtregierung, der Zeichner auch freischaffender Werbegrafiker. Seine Ideen, Entwürfe und dergleichen wurden nie ausgeführt, waren jedoch für die Agenturen nützlich, denn die hatten immer auch gerne etwas Intelligentes im Angebot, das die leitenden Herren der auftraggebenden Firmen zwar bewundern, aber verwerfen konnten.
Der Erzähler hatte es mit seinem Job ganz gut getroffen, denn seine Tätigkeit ließ ihm auch während der Dienstzeiten Raum für kreative Phasen.
Diesen Raum hatte der Erzähler in letzter Zeit sehr genützt. Der mächtig behaarte, massige Mann holte aus einer schon sehr speckigen Mappe einen Packen Papier und schob ihn seinem glatzköpfigen, zartgliedrigen und immer nervösen Freund hin.

Der sah auf das Titelblatt und las: »Die dunklen Stellen/Erotische Erzählungen«.
Der Zeichner sah den Erzähler fragend an. Denn ein Buch dieser Art hätte er von ihm nie und nimmer erwartet. Der Erzähler war verheiratet, zog zwei Jungen auf, einen selbst gezeugten, einen in die Ehe mitgebrachten, und seine Frau war eine im Sozialdienst arbeitende Psychologin. Er machte seinem Freund immer den Eindruck eines annähernd Monogamen. Mit »annähernd« ist gemeint, dass Begierde und Realisation in einem krassen Missverhältnis stehen. Zudem war die Frau des Erzählers nicht nur hochintelligent, sondern auch extrem eifersüchtig. Die wäre ihm – nach Meinung des erotisch umtriebigen, weil allein lebenden Zeichners – sofort auf Abwege draufgekommen.

Einmal hatte der Erzähler seinem Freund eine Geschichte gestanden. Er war zu einem Kongress über die Optimierung der Kanalisation in Großstädten nach Seoul mitgenommen worden, um in der städtischen Monatszeitschrift darüber zu berichten. Da hatte ihm seine Frau vor der Abreise gesagt, wenn er von dem reichlichen Angebot an mandeläugigen Schönheiten Gebrauch machte, würde sie ihm nach der Heimkunft »den Schwanz abschneiden«, denn sie würde die andere Frau riechen, dessen könne er sich sicher sein. Das hatte, so die Schilderung des Erzählers, zur Folge gehabt, dass ihn, als eine überaus angenehme asiatische Gespielin in seinem Hotelbett lag, ständig panische Gedanken plagten, die auch die ersten Tage nach dem Heimkommen angehalten hätten. Dass also dieser Mann in der Lage war, »Erotische Erzählungen« zu schreiben, war dem Zeichner nicht erklärbar.

Die Herren diskutierten dann noch die kolossale Selbsttäuschung einer Frau, die behauptet, andere Frauen »riechen« zu können.

»Wenn das stimmt, gäbe es einige Erfahrungen in meinem Buch nicht«, meinte der Erzähler grinsend. »Frauen überschätzen sich da offenbar.«

Das erheiterte beide Herren.

»Lies das und sag mir deine Meinung, Alter«, sagte der Erzähler, als er in Richtung seines Büros aufbrach. »Beim Kaffee bist du dran.«

Das Kaffeehaus war bevorzugt von Bohème- und auch Werbemenschen bevölkert. So war es dort ganz normal, dass ein Gast sich »noch einen Espresso« bestellte und dann nahezu drei Stunden ein Skript las. Der Zeichner las sich schon in der ersten Geschichte fest. Denn er konnte es nicht fassen: Sein Freund war nicht der brave Mann, für den ihn die Welt hielt. Er war ein Sexist, ein Mensch mit den kuriosesten und extremsten Erfahrungen, die – das machte der Text klar – nicht erfunden, sondern beobachtet und erlebt waren. Das war ein Buch, das – und dieses Problem fesselte den Zeichner zunehmend mehr als das Werk – man einer Ehefrau nicht zumuten kann, es sei denn, sie wäre auch handelnde Person und exhibitionistisch veranlagt.

Der Zeichner war sich aber sicher, für die Frau des Freundes träfe beides nicht zu. Er konnte sich beim besten Willen nicht vorstellen, dass dieses Buch keine eheliche Katastrophe auslösen würde.

Daher war die erste Frage, die er dem Erzähler am Telefon stellte: »Sag, kennt das deine Frau schon? Wie ich es finde, sag ich dir dann gleich, aber – sei mir nicht bös – *die* Frage ist primär.«

»Sie hat alles gelesen.«

»Und?«

»In zwanzig Minuten im Café.«

Der Zeichner war sitzengeblieben. Er war sich sicher, die Frau des Erzählers würde den Druck dieses Buches nicht zulassen, würde nicht akzeptieren können, dass ihr Mann ein Doppelleben geführt haben *musste*, nein, dachte der Zeichner, das ist natürlich falsch, es muss heißen: würde nicht akzeptieren, dass er diese Geschichten einem Leserpublikum mitteilt, wenn dieses Leserpublikum der Meinung sein *muss*, das alles sei wiedergegebene Realität. In diesem Skript standen Passagen, die zu zitieren man vor Zeiten aufgrund von Erziehung nicht gewagt hätte, die allerdings heute keinen Menschen mehr aufregen und daher als Zitat entbehrlich sind.

Der Erzähler kam, und das Erste, was er mitteilte, war:

»Sie hat natürlich gesagt: ›Das kannst du nicht veröffentlichen.‹«

»Das versteh ich.«

»Wieso?!?« Der Erzähler war empört. »Du weißt doch, was heutzutage alles auf dem Markt ist. Wenn du eine Chance haben willst, musst du in die Vollen gehn.«

»Ja schon. Aber ich rede von ihr. Die sagt sich doch, wenn sich mein Mann sogar in Richtung Sado-Maso outet, wie stehe ich dann da? Als seine Frau.«

»Sie hat gesagt, ich soll das Buch nicht machen, weil es mir ›schaden‹ würde. Was mir schadet und was nicht, bestimme immer noch ich.«

Die Freunde konnten sich nicht einigen. Daher trat das Problem »Reaktion der Ehefrau« in den Hintergrund. Der Erzähler begann, seinem interessierten Freund zu schildern, wann, wo, unter welchen

Umständen dieses oder jenes wirklich (fast) so stattgefunden hätte. Kurz, die Herren schweinigelten.

»Die dunklen Stellen« erschienen. Sie wurden wenig beachtet. Ein der katholischen Kirche nahestehendes Wochenblatt schrieb einen empörten Verriss, die eigentliche literarische Öffentlichkeit registrierte ein Buch mehr in diesem Genre. Jedweder Skandal, und sei es nur im privaten Umkreis, blieb aus. Die Entdeckung eines Hemingway des Sexismus schon überhaupt.
Bei freundschaftlichen Zusammentreffen entzog sich die Frau des Erzählers den gelegentlichen Anspielungen des Zeichners durch Lächeln und verständnisvolles Achselzucken.
Aber ein Jahr darauf wusste der Zeichner, was sie mit dem Satz »Es wird dir schaden« gemeint hatte. In einem renommierten und dem Feminismus verpflichteten Verlag erschien ein Buch »Der Mann. Eine Richtigstellung«. Verfasst von einem interessanten Frauennamen, den die Verlagswerbung als Pseudonym bezeichnete. Dieses enttarnte man erst, nachdem das Buch in der Vorpresse immer mehr Interesse fand.
Der »Roman« war die bis in die Haarspitzen genaue und erkennbare Demontage eines literarisch ambitionierten Stellvertretenden Pressechefs der Stadt-

regierung. Es beschrieb mit grausamer Genauigkeit einen Mann, der für das breite Leserpublikum als literarische Figur gelten konnte, für jeden Menschen aber, der den Erzähler kannte – und das waren viele –, dessen Hinrichtung bedeuten musste.
Zu allem Überdruss wurde »die Senkrechtstarterin der Frauenliteratur« noch medial herumgereicht und antwortete auf die Frage, ob dieser Mann Realität sei, so provozierend verlogen »Natürlich nicht«, dass auch der Dümmste den richtigen Schluss ziehen musste.
Der Erzähler, der schon seit einiger Zeit im Hotel wohnte, war ein gebrochener Mann. Stockend beantwortete er die Fragen des Zeichners, etwa die, wie denn die Frau es verheimlichen konnte, ein dickes Buch zu schreiben. Sie habe von einem Lehrwerk über Kinderpsychologie gesprochen, erklärte der Erzähler. Das hätte ihn natürlich nicht interessiert, nicht einmal zum Hinschauen gereizt.
»Die Scheidung ist eingereicht. Aber ihr Anwalt will jetzt auch noch Geld. Ist das zu glauben? Da verdient die mit mir Länge mal Breite, und ich soll zahlen auch noch.«
»Wolltest *du* die Scheidung?«
Der Erzähler bekam feuchte Augen.
»Nein. Mir wäre lieber gewesen, sie hätte ihn mir abgeschnitten.«

Der schwule Kritiker

DER SCHAUSPIELER LAS UND LAS. Seit dem Morgen trug er die Tageszeitung mit sich herum. In regelmäßigen Abständen las er die Besprechung einer Premiere abermals. Er hatte – wie schon einige Male – an dem angesehenen Theater eine mittlere Rolle gespielt, hatte die eine oder andere lobende Erwähnung genossen, noch nie aber einen Text wie diesen: »In der Rolle des jungen Rebellen spielt sich ein Ausnahmetalent in den Vordergrund … Er vereinigt intellektuelle Kontrolle des Textes mit atemberaubender Körperlichkeit … die Entdeckung der noch jungen Saison …«

Das nahm dem jungen Mimen die Luft.

Am späten Abend ging er in den wunderbaren, alten, nach feuchtem Moder riechenden Weinkeller, in dem er und seine Kumpel sich seit den Zeiten der Schauspielschule trafen. An dem gewohnten Tisch saß nur ein Kollege. Der empfing ihn gleich mit: »Hast du geles–?«

»Ich kann's schon auswendig.«

Der Kollege war Mitglied einer Off-Gruppe, die sich einen Namen gemacht hatte.
»Über uns schreibt der auch immer sehr gut.«
»Kennst du den?«
»Dort sitzt er.«
Der Kollege dirigierte den Blick des Schauspielers in eine schräg gegenüberliegende Ecke. Dort gab es seit eh und je einen größeren Stammtisch, dessen Gäste noch nie durch Prominenz oder sonst was aufgefallen waren.
»Der an der Schmalseite«, präzisierte der Kollege die Information.
Der junge Schauspieler sah einen sehr gepflegten Herrn mittleren Alters, der, von großen Gesten unterstrichen, das Wort führte.
»Soll ich mich bedanken? Oder ist das blöd?«, fragte der von diesem Mann so Gepriesene.
»Es ist blöd, aber es kann nicht schaden«, meinte der Kollege.
Als er ging, um seine Freundin von einem Abendkurs abzuholen, und der junge Schauspieler allein zurückblieb, fasste der sich ein Herz.
Er stand auf, ging zu dem großen Tisch und dessen Gesellschaft.
»Entschuldigen Sie, ich möchte nicht stören, ich möchte mich nur bei diesem Herrn bedanken, weil –«

Er kam nicht weiter. Der Kritiker war aufgesprungen und hatte mit ausladender Handbewegung einen Platz angeboten.
Gleichzeitig erklärte er den Anwesenden, dieser junge Mann sei das Beste, was er in letzter Zeit »auf unseren Bühnen« gesehen hätte. Man müsste sich unbedingt diese Vorstellung ansehen, sich den Namen merken und was es an extremen Nettigkeiten noch so gibt. Tonfall und Sprachmelodie machten dem jungen Schauspieler sofort klar, der Typ ist stockschwul. Die dezenten Lidschatten bemerkte er erst später.
Nachdem er Platz genommen hatte und in die allgemeine Kunstszenenplauderei einbezogen war, kam er langsam dazu, die Runde zu beurteilen. Es war keineswegs ein Schwulenstammtisch.
Da war ein Architekt, eine Zahnärztin, ein Bildhauer, eine Redaktionssekretärin, also Existenzen querbeet. Was sie offenbar vereinte, war das Interesse an den brillanten, auch witzigen und spöttischen Ausführungen des schwulen Theaterkritikers. Dessen Soli waren in der Tat unerschöpflich, amüsant und substanziell. Der junge Schauspieler hörte mit Interesse und Vergnügen zu und freute sich, als er – nahe der Sperrstunde – erfuhr, er sei gerne an diesen Tisch wiedergebeten. Es wäre von dieser Clique wohl meist wer da, so gut wie immer

alle am Donnerstag. Der junge Schauspieler beschloss, sich in diese Runde einzuklinken.
Er stand Schwulen völlig unbefangen gegenüber. Er hatte natürlich schon viele kennengelernt, war auch indirekt oder direkt angebaggert worden, hatte aber kein Vorurteil, nur Desinteresse. Desinteresse im umfassenden Sinn. Über Tuntenwitze konnte er lachen. Aber eben auch nur, wenn sie sehr gut waren.
Dieser Theaterkritiker bestach durch Bildung, Urteil und Engagement. Und als der junge Schauspieler zum ersten Mal – es sollten noch viele Male folgen – eine blonde Ballettschülerin an den Stammtisch mitbrachte, fand sie der schwule Kritiker »entzückend« und erkundigte sich, ob der »junge Mann« sich denn auch »anständig benehme«, widrigenfalls er es mit ihm »zu tun« bekäme.
Es entstand eine echte Freundschaft unter Ausklammerung des Privatlebens des schwulen Kritikers. Vom ersten Kontakt an hatte der junge Schauspieler begonnen, das Geschriebene des Kritikers genau zu verfolgen. Und er lernte einen Liebenden kennen. Diese Liebe wurde von den redaktionellen Dispositionen zielgerichtet, denn der Mann bekam nur in Ausnahmefällen Premieren der großen Häuser zugeteilt. Er war zuständig für die Szene, für die Kleinbühnen. Denen schrieb er über die

Maßen begeisterte Beurteilungen, oft mit Spitzen gegen die ersten Bühnen, die da an den eigentlichen Talenten vorbeigingen.
Der Gedanke, die Begeisterung des Kritikers könnte auch bei ihm überschwänglich gewesen sein, kam dem jungen Schauspieler nie. Wie denn auch? Bei den seltenen Einsätzen außerhalb der Off-Szene war der Freund doch auch des negativen Urteils fähig.
Er hatte in den Augen des jungen Schauspielers nur einen Defekt: eine unsägliche Leidenschaft für Ballett. Er war selbstverständlich Fachmann und warf mit Insiderbegriffen um sich, in der naiven Annahme, jeder wüsste, wovon die Rede ist.
Der junge Schauspieler verstand weder Französisch noch Ballettdeutsch, hörte aber immer mit gebotenem Takt und geheucheltem Interesse zu. Seine persönliche Abneigung gegen diese Art von Tanz verschwieg er aus pragmatischen Gründen.
Den Höhepunkt des Missionarischen erreichte der Kritiker, als das große Opernhaus ein einmaliges Gastspiel des großen russischen Weltstars ankündigte. Diesen Mann schien der Kritiker sehr gut zu kennen. Er begründete, warum er viel, viel besser war und immer sein werde als alle anderen russischen Weltstars. Er beschrieb seine berühmten Choreografien, von denen noch Generationen von

Compagnien abhängig sein würden, im Detail und erklärte, keine der wirklich großen Primaballerinen würde nicht wissen, wer der Einzige, der Unerreichbare sei. Kurz, auf diesem Gebiet hatte der Mann – aus der Sicht seines jungen Freundes – eine schwere Macke.

Da er in seiner Redaktion eben auch für Ballett zuständig war, gingen die Vorankündigungen sowohl platzmäßig als auch inhaltlich über das übliche Maß weit hinaus. Die Kulturwelt hatte zu wissen: Dieses einmalige Tanzgastspiel ist das Größte, was es gibt.

Es stand auch zu lesen, wer von wo zu diesem Abend heranzufliegen beabsichtige, sei es aus Theater-, Film-, Adels- oder Hochfinanzkreisen, und der junge Schauspieler kam nicht drum herum zu bemerken, es handelte sich um eine Vollversammlung der homosexuellen Elite und ihren flankierenden älteren Damen.

Die Kritik erschien am Mittwoch. Sie las sich als die schlimmste Vernichtung eines alt und zu schwer gewordenen Exstars, der – und jetzt folgten zeilenweise Bezeichnungen von Sprüngen, Techniken und sonstigem Nichtmehrgekonnten – der es versäumt hatte, rechtzeitig abzutreten, der den höflichen Applaus nur dem Takt des Publikums zu verdanken hätte, der Sentimentali-

tät der Fans und der Ahnungslosigkeit des Kultur-Jetsets. Die Kritik war für jemanden, der die Vorreden des Kritikers gehört hatte, einfach nicht begreifbar.
Am Donnerstag war Stammtisch. Alle waren da. Selbstverständlich wurde der Kritiker gefragt, ob es denn wirklich so schlimm gewesen wäre. Der verteidigte seine Formulierungen erbittert, fast verzweifelt.
Der junge Schauspieler wartete, bis alle außer seinem Freund gegangen waren. Dann tat er, was er sich fest vorgenommen hatte, er stellte die Frage:
»Sag mir ehrlich, warum?«
Der Kritiker sah ihn lange an und sagte dann mit dem Ausdruck eines um sein Leben Betrogenen:
»Ich war nicht eingeladen.«
Der Schauspieler schluckte.
»Nicht eingeladen? Wo nicht eingeladen?«
»Bei der Premierengala. Stell dir vor, wer da eingeladen war …« Er zählte Namen auf, deren Bedeutung oder Nichtbedeutung dem Gegenüber nicht in jedem Falle klar war, »und ich habe keine Einladung bekommen. Ich habe noch angefragt bei seinem Sekretär. Weißt du, was der gesagt hat? ›Sie stehen nicht auf der Liste.‹ Stell dir das vor!«
Das sagte er so, dass klar war: Eine Vertiefung des Gesprächs verbat sich.

Der junge Schauspieler wurde in eine andere Stadt engagiert. Er machte keine große, aber eine zufriedenstellende Karriere. Dann kam er wieder. Er entsann sich des Stammtisches. Er ging hin. Er wurde von denselben, älter gewordenen Leuten herzlich begrüßt. Ganz besonders von dem nicht älter, sondern alt gewordenen schwulen Kritiker.
Der war nicht mehr so dominant im Gespräch. Er war scheuer geworden. Er nahm sich den Schauspieler zur Seite und erzählte, man hätte ihm in der Redaktion übel mitgespielt, seine Kompetenzen nach und nach eingeschränkt, man hätte ihn – »Stell dir das vor!« – der Voreingenommenheit bezichtigt und schließlich entlassen. Er lebte jetzt nur mehr von freier Mitarbeit und von der zum Glück immer eingezahlten Künstlerpensionsversicherung.
Der nicht mehr junge Schauspieler blieb wiederum sitzen, bis sie nur mehr zu zweit waren. Er hatte das Bedürfnis, diesem Mann die Frage zu stellen, die er ihm in all den Jahren nicht gestellt hatte.
»Sag, und wie ist es privat? Hast du jemanden?«
Der Kritiker sah ihn triefäugig an.
»Ich kann mich doch keinem mehr zumuten.«
Von dem Tag an konnte der Schauspieler Schwulenwitze und Tuntenparodien nicht mehr ertragen.

Die Drehbücher

DER JUNGE AUTOR FÜHLTE SICH GUT. Er hatte den Dramatikerwettbewerb zwar nicht gewonnen, wohl aber einen der drei Förderpreise. Das war für ihn unheimlich wichtig. Erstens, weil es doch ein für seine Verhältnisse gutes Geld war, zweitens, weil er bei der Preisverleihung ein paar für ihn wichtige Leute zu treffen hoffte. Und das war so. Ein Feuilletonchef einer führenden Tageszeitung sprach ihn an, gab sich als Jurymitglied zu erkennen und lobte ihn für seine »filmische Phantasie«.

»Und wie geht's Ihnen so?«

»Na ja. Wenn Sie ›finanziell‹ meinen, eigentlich gar nicht. Zurzeit bin ich Platzanweiser im Staatstheater.«

Der Feuilletonchef lächelte und setzte dann eine ernste Förderermiene auf.

»Können Sie Drehbücher schreiben?«

»Natürlich.« Die Antwort kam spontan und war deshalb nicht gelogen, weil es nichts gab, von dem der junge Autor nicht glaubte, es zu können. In

Wahrheit hatte er noch nie in seinem Leben ein Drehbuch gesehen.

Der Förderer sagte: »Passen Sie auf, gehen Sie doch einmal zu der ...« Er nannte den Namen der Leiterin der Abteilung Fernsehspiel in der Staatlichen Fernsehanstalt. »Ich kenn die Dame gut. Ich kündige Sie an. Die müsste was für Sie haben.«

Als der junge Autor am Tag darauf im Fernsehen anrief, wusste die Sekretärin der Abteilungsleiterin bereits Bescheid. Er bekam einen Termin.

Die Zeit bis dahin nützte er. Er ging in das führende Buchgeschäft und machte die Erfahrung, dass nicht wenige gedruckte Drehbücher von filmischen Meisterwerken vorlagen. Die las er in einer Nacht. Zudem erinnerte er sich, dass ein Kollege einer der Autoren der Serie »Ein Fall für Mankoff« war. Bei dem fuhr er vorbei und bat, in ein, zwei Büchern blättern zu dürfen, die der Kollege für besonders gelungen hielt. Es ging ihm aber nur um die Art der Notation, da ihm die gedruckten Drehbücher fürs Fernsehen allzu ausführlich erschienen waren.

Als er – naturgemäß mit weichen Knien – im Lift der Fernsehanstalt hochfuhr, fragte er sich, warum das Schreiben von Drehbüchern auf Filmschulen und speziellen Seminaren gelehrt würde. Das kann man oder kann man nicht, dachte er. Die Technik

des Aufschreibens ist in einem Tag erlernbar. Dramaturgischer Instinkt ist eine Frage der Genetik.
Die Leiterin der Abteilung Fernsehspiel war eine durchaus sympathische, gar nicht unelegante Endvierzigerin, mit allerdings sehr strenger Brille.
Sie bot dem jungen Autor einen Platz in der Besuchergarnitur an, erwähnte, vom Feuilletonchef Gutes gehört zu haben, und beendete die Präliminarien mit der Frage:
»Also, was bieten Sie uns an?«
Der junge Autor erstarrte vor Schreck. Er hatte überhaupt keinen Vorschlag. Er war davon ausgegangen, dass man ihm vielleicht einen Probeauftrag geben würde.
Der Schreck dauerte allerdings nur eine Zehntelsekunde. Dann hörte er sich schon ganz ruhig sagen: »Mich nervt, dass diese Kriminalisten alle so ambitioniert sind. Ich könnte mir einen vorstellen, den jeder Fall unendlich anödet, der sich durch Verbrechen gestört fühlt. Einen Schöngeist, Opernnarr zum Beispiel, der sich nach seiner Pensionierung sehnt. Das fände ich komisch. Und …«, der Einfall kam ihm beim Reden, »es müsste bei der Lösung der Fälle immer seine Bildung eine Rolle spielen.«
Er skizzierte aus dem Stand einen Mord in der Oper, bei dessen Aufklärung ein Alibi platzt, weil der angebliche Logengast nicht gehört hatte, dass

der Sopran aufgrund von Indisposition das hohe d nicht riskierte.

»Sie meinen, das wäre eine Serienfigur?«

Der junge Autor hatte gar nichts gemeint, bejahte aber.

»Wissen Sie was«, sagte die Abteilungsleiterin, »reden wir nicht lange herum, machen wir Nägel mit Köpfen. Sie bekommen einen Vertrag für ein Probebuch.«

Von nun an ging es rasend bergauf. Das Probebuch wurde für gut befunden. Dreizehn Folgen wurden in Auftrag gegeben. Zwei Jahre danach lief die Serie »Dr. Conrads Verbrechen« mit größtem Erfolg, sehr früh schon wurde eine Verlängerung fixiert, die Branche hatte einen Shootingstar.

Privatsender machten ihm Angebote. Er konnte auswählen. Der ohnehin schon gut aussehende junge Mann mit immer leicht verwilderter Lockenmähne hatte nun Spaß, sich teuer und stylish zu kleiden, konnte eine schöne Atelierwohnung mieten, ein schnittiges Auto fahren und mit einer bildhübschen Fernsehjournalistin sehr abwechslungsreich die Freizeit verbringen.

Eine Freizeit, die es allerdings kaum mehr gab, denn der Mann machte den Fehler, noch mehr verdienen zu wollen, daher zu viel anzunehmen. Aber er wollte eben nichts auslassen. Da hatte er

eine Idee, die schon deshalb naheliegend war, da seine Freundin des Öfteren gesagt hatte, sie möchte auch einmal so ein Seriendrehbuch schreiben.
»Das kann doch nicht so schwer sein«, sagte sie. »Du scheißt diese Bücher ja geradezu.«
»Es ist nicht schwer.«
Er hatte bei einem Privatsender einen Vertrag für einen Dreiteiler im Abendprogramm, daher wegen des Abgabetermins für eine vierte und wohl letzte Staffel für den »Dr. Conrad« eine mittlere Panik. Also beschloss er, seiner Liebsten eine Chance zu ermöglichen.
Er erschien bei der Vorbesprechung mit der Leiterin des Fernsehspiels, der Dame, die ihm den Einstieg ermöglicht hatte, in Begleitung seiner Partnerin. Ohne Umschweife stellte er sie als seine bewährte Mitarbeiterin vor und ersuchte mit dem Unterton der Anordnung, dieser einen Vertrag für zwei Bücher zu geben, dann hätte er hinreichend Luft für die restlichen. Die Leiterin, an deren Seite erstmals ein kümmerlicher Dramaturg, Typ des universitär geprägten Berufsintellektuellen saß, hatte mit dieser Aufteilung sichtlich keine Freude. Da mag das so auffallend angenehme Äußere der jungen Dame mitgespielt haben, jedenfalls im Unterbewusstsein. Dennoch wollte die Leiterin

ihrem Jungstar nichts abschlagen, zumal der ihr versprach, sich seiner Verantwortung als Supervisor bewusst zu sein.
Auf der fröhlichen Heimfahrt sagte der Autor zu der Seinen:
»Was du noch nicht weißt, mein Schatz, ist dieses. Du kriegst nicht nur den Vertrag für zwei Bücher vom Sender, du kriegst auch den Auftrag für zwei weitere Bücher von mir. Die schreibst du allerdings unter meinem Namen. Und ich zahle dir die volle Gage. Dann komme ich nämlich zeitlich hin.«
Sie war stolz und schaffensfroh.
Während der Arbeit an den Büchern forderte sie ihn einige Male auf, in ihren Text hineinzulesen, um ihr zu sagen, okay oder nicht. Er sagte immer, das sei nicht nötig, sie habe sein vollstes Vertrauen. Das war nun absolut unehrlich, denn in unbeobachteten Momenten las er sehr genau, was sie geschrieben hatte, und war amüsiert über ihr Geschick, ihn zu kopieren.
Die Bücher wurden abgegeben. Eine Redaktionssitzung wurde anberaumt.
Die Autoren wurden wieder von der Leiterin und ihrem Trabanten empfangen. Die Dame hatte ein sehr ernstes Gesicht. Sie wandte sich zunächst an den männlichen Teil des Teams:
»Da braucht man nicht viel zu reden, das ist alles

so weit klar, es gibt ein paar Ausreißer nach oben, aber insgesamt verliert die Figur langsam ihren Reiz.«
»Da bin ich ganz Ihrer Meinung. Ich bin in der Sache ausgeschrieben.«
Dann wandte sich die Leiterin an die Neo-Autorin.
»Also zu Ihren Büchern. Die Folge zwei kann ich mit einigem Bauchweh akzeptieren, obwohl der Witz da schon sehr weit hergeholt ist. Aber bitte, es soll sein. Ihr zweites Buch aber – welche Folge ist das?« Sie fragte den Dramaturgen.
»Die Folge sieben«, kam beflissen zurück.
»Genau. Die Folge sieben. Die ist indiskutabel. Da müssen Sie noch einmal drüber. Am besten mit seiner Hilfe. Wir schreiben Ihnen noch genau auf, was da geändert werden muss.«
Der Dramaturg nickte.
Jetzt kam die Leiterin richtig in Fahrt.
»Bevor Sie ans Ändern gehen, lesen Sie seine Folge neun. Das ist ein ähnlicher Plot, aber wie brillant ist das geschrieben, wie witzig und konsequent in der Durchführung!«
Die Autorin und der Autor sahen sich nur ganz kurz an, um sich des gegenseitigen Pokerface zu vergewissern. Denn die Folge neun war eines der beiden Bücher, die sie als er, also unter seinem Namen geschrieben hatte.

Sie hörte sich noch eine kleine Weile gespielt demütig an, was sie von sich selbst zu lernen hätte, dann wurde das Paar in Gnaden entlassen.
Die beiden gingen in ein nahes Bistro, bogen sich vor Lachen, tranken reichlich Sancerre, aßen Muscheln und Weißbrot und liebten sich an diesem Abend wie schon lange nicht mehr.

Warum die Sache etwa zwei Jahre später auseinanderging, hat einen banalen Grund. Sie wollte ein Kind. Er wollte keines. Er war nicht zu überreden. Sie gab auf und ging.
Er blieb, was er geworden war. Ein ausgemachter Profi, ein Vielschreiber. Bis die große Krise kam. Ob man das Burnout nennt oder Schreiblähmung oder Depression ist gleichgültig. Er war fertig. Er schrieb ein paar Jahre lang keine einzige Zeile. Bis ihm seine Bankberaterin riet, sein letztes Sparbuch aufzulösen, um beim Girokonto nicht im Minus zu landen.
Da raffte er sich auf und schrieb einen Sender an, für den er noch nie gearbeitet hatte, wo es also keine enttäuschten Redakteure und Produzenten gab, denen er vor Zeiten nichts mehr liefern wollte.
Er bekam einen höflichen Antwortbrief eines Dramaturgen. Darin stand, dass man sich seines Renommees bewusst sei, dass man durchaus Inte-

resse hätte, obwohl die Planungen mit den Hausautoren auf lange Sicht fixiert wären.
Aber wenn er zur Figur des Woransky aus der Hauptabendserie »Augenzeugen« einen Einfall hätte, wäre der Sender an einem Buch – unverbindlich – interessiert.
Der Autor kannte die Figur und meinte zu wissen, was ihr fehlt. Dass das Können des Darstellers nicht annähernd ausgereizt war, hatte ihn schon einige Male geärgert. Er schrieb ein – wie er meinte – glänzendes Buch und lieferte es ab.
Kurze Zeit darauf wurde er zu einer Besprechung gebeten.
Er fuhr mit dem Auto hin und hatte fünf Stunden lang ein blödes Gefühl.
Im Sender empfing ihn erst die Sekretärin des Dramaturgen, dann der Dramaturg. Der bat ihn ins Besprechungszimmer und sagte: »Bitte, haben Sie einen Augenblick Geduld. Die Chefin möchte Sie selbst sprechen.«
Nach wenigen Minuten erschien die Chefin. Es war seine Fernsehjournalistin, sein Schreibdouble von einst. Dick ist sie geworden, dachte er.
Sie erriet, was er dachte.
»Ja, drei Kinder hinterlassen ihre Spuren.«
»Gratuliere!«, sagte er.
Sie küssten sich auf die Wangen.

Dann sagte sie: »Ich darf ehrlich sein, ja?«
»Unbedingt.«
»Du triffst den Ton nicht mehr. Die Jungen sprechen heute anders. Du bist zu kompliziert. Und die Exposition. Das mag für einen Spielfilm gut sein, aber nicht für Woransky. Der muss amerikanischer beginnen. Something is going wrong, du weißt. Und dann – sei mir nicht böse – das ist doch Machophantasie, was du da als Liebesszene im Zugabteil schreibst. Aber ich will jetzt gar nicht ins Detail gehen. Du weißt, unser Hauptautor ist Ronald Klemm. Ich hab mir sein bestes Buch auf den Schreibtisch legen lassen. Wart eine Sekunde, ich hol's dir gleich selbst …«
Sie verschwand durch die Tür. Als sie dreißig Sekunden danach wieder hereinkam, war er nicht mehr da.

Ein Jahr danach las der ehemalige Fernsehautor – er war als Teilzeit-Lektor bei einem Kinderbuchverlag untergekommen –, dass die Fernsehspielchefin eines Privatsenders fristlos entlassen wurde, weil sie unter dem Pseudonym Ronald Klemm für ihren Sender Drehbücher schrieb und sich die Spitzengage über ein Literatur-Management über Jahre selbst bezahlt hatte.

Die Recherche

EINE REDAKTION DIESER ART wird heute kaum einer mehr finden können, der Journalist werden will. Zwei Räume, altes abgenütztes Büromobiliar. Ein Chefredakteur, ein Redakteur, zwei ständige »Freie«, eine Sekretärin. Der Aufwand galt ein bis zwei Lokalseiten und einer Sportseite, regionale Mutationen einer Provinzzeitung.

Es war Sommer, es war heiß. Der Nachmittag lief mühsam an. Dem Volontär war das nie sehr angenehm, wenn er so herumsaß und das Gefühl hatte, der Chefredakteur wisse nicht, wie er ihn, der einen ständigen Freien vertrat, beschäftigen solle. Der Volontär schrieb probeweise gerade einen Blödsinn um, den er aus einem Wochenblatt herausgeschnitten hatte, da setzte sich der Chefredakteur ganz vertraulich zu ihm. Es gebe da eine Polizeimeldung über einen Selbstmord eines nicht so unbedeutenden Geschäftsmannes. Der Mann hatte sich vor einen Schnellzug geworfen. Die Motive lägen gänzlich im Dunkeln. Vom glückli-

chen Familienleben bis zum guten Geschäftsgang spreche alles gegen dieses Ende. Der Chefredakteur erklärte, sich normalerweise für Selbstmorde überhaupt nicht zu interessieren, dieser aber gebe ihm zu denken, mache ihn neugierig. Und dann sagte er, der Volontär sollte die Geschichte recherchieren. Am besten auf dem Friedhof, dort treffe er sicher alle wichtigen Bezugspersonen, das Begräbnis fände in einer Stunde statt. Er gönnte dem Volontär noch einen verschlagenen Blick und verließ den Raum. Dann kam er noch einmal herein und sagte:
»Wär ganz schön, wenn die Geschichte vierzig Zeilen hergäbe.«
Ein achtzehnjähriger Journalistenlehrling wurde unter seiner sommerlichen Bräune bleich. Er traute sich schon nicht zu, einen Selbstmord zu recherchieren. Er traute es sich schon überhaupt nicht auf einem Friedhof zu, vor, während und nach einem Begräbnis. Ihm erschien das als unvertretbarer Gipfel an Taktlosigkeit. Aber er hatte nicht zu befinden, was Journalismus ist, er wollte ihn erlernen.
Er fuhr mit dem Fahrrad auf den Friedhof. Er fuhr schnell, in der Angst, das Wichtigste zu versäumen. Er kam mit klatschnassem Hemd an. Wie heiß muss erst denen sein, dachte er sich, die dem Anlass entsprechend gekleidet sind. Und es wurde

ihm immer peinlicher, nur mit Sommerhemd und bunter Hose zu einem Begräbnis gekommen zu sein.

Die Trauergemeinde versammelte sich. Sie unterschied sich von anderen Trauergemeinden, so viel begriff er. Ein Selbstmord ist eine andere Art von Tod, auch danach. Seine Zunge war dick. Er würgte an einer ersten Frage, die er ja nun irgendeinmal an irgendjemanden stellen musste, wenn er je eine Geschichte zustande bringen wollte. Und er wollte. Was sollten ihm Angst und Scham.

»Wie konnte das passieren?«

Er hatte einen für sich stehenden Mann sehr geschäftsmäßig gefragt. Auf dessen erstaunten Blick hin nannte er seinen Namen und den der Zeitung.

»Ach so«, sagte der Angesprochene, »da müssen Sie schon seine Frau fragen. Die weiß das ganz genau.« Sein Gesicht hatte etwas Verachtendes für diese Frau. Der Volontär entschied sich, seine Abneigung der Frau gegenüber als Ansatz für plausibel zu halten. Er zitterte, aber er bewegte sich auf das Zentrum des Menschenhaufens zu, dorthin, wo dieser immer einheitlicher schwarz wurde. In der Nähe des Zentrums sagte der Volontär seinen Namen und den der Zeitung und dann: »War die Ehe wirklich so schlecht?«

»Keine Rede«, sagte einer leise, »da war auch viel das Geld schuld.«
»Wieso?«, fragte der Volontär. »Das Geschäft ist doch sehr gut gelaufen.«
»Da kann ein Geschäft noch so gut laufen. *Das* hält kein Geschäft aus. Auf Dauer.«
Der Antwortende ließ den Volontär stehen.
Der machte sich seine erste Notiz. Sie muss die Verschwendungssucht gehabt haben, dachte er. Vielleicht hat sie gespielt. Vielleicht war der Mann ihr hörig und zu schwach, sie zu bremsen. Vermutungen wurden zu Fragen. Der Volontär ging hin und her. Leise und unauffällig, um Takt bemüht, sich der Schande aber immer bewusst.
Er musste durch, durch die Schande. Es gab kein Zurück. Er ging mit dem Wenigen, das er herausbekam, zu Leuten zurück, die Andeutungen gemacht hatten. Er versuchte sie mit den Ergänzungen durch das Wissen anderer zu Vertiefungen ihrer Andeutungen zu bewegen. Manche hätten ihn wohl gerne vom Friedhof gejagt. Aber die Trauer, die Betroffenheit, das Leise der Veranstaltung waren auch eine Art Schutz für ihn. Wahrscheinlich haben manche, die diesen aufdringlichen Frager gerne zum Teufel gejagt hätten, nur einen Skandal vermeiden wollen.
Die Geschichte wurde eine, irgendwie. Konnte die

Verschwendungssucht der Witwe nicht auch Rache dafür gewesen sein, dass der Mann sie immer beschissen hatte? Hatte er sie beschissen, weil sie von ihm nichts wollte? Wer in der Verwandtschaft war wessen Partei? War der Mann, der sich vor den Zug legte, hoffnungslos isoliert? Der Volontär würde zu seiner Geschichte kommen, das stand fest. Mit ein paar Schlüssen, vermuteten Querverbindungen, war der Freitod logisch zu machen. Ja, der Volontär war nach einer guten Stunde in der Lage, Lesern der Zeitung Motive und auch glaubhafte anzubieten. Er raste mit dem Rad zurück in die Redaktion.

Während er wieder strampelte, versuchte er zu begreifen, warum ihm keiner oder keine Ohrfeigen angeboten oder gegeben hatte. Weil sie irgendwie geil darauf waren, was loszuwerden. Und sei es nur in den vagesten Andeutungen. Weil sie Partei waren. Weil sie angesichts des offenen Grabes nicht trauerten, sondern ihre Interessen vertraten oder die ihrer Bezugspersonen im engsten Familienkreis. Hier kondolierte im Kostüm der Trauer der Hass sich selbst zur Katastrophe.

Aber warum hielten die Bürger nicht die Spielregeln ein? Warum hatten sie dem Volontär nicht gesagt: »Diese Fragen sind hier gänzlich unpassend«?

Wusste der Chefredakteur, dass ein junger Reporter nicht verprügelt wird? Auch nicht in einer derartigen Situation? Oder würde er überrascht sein, wenn der Volontär ihm von seiner Unversehrtheit berichtete?

Morgen würden die, die ihm etwas gesagt haben, die Zeitung kaufen und nachlesen. Und dann würden sie Dritte anrufen und sagen: »Was sagst du, sogar die Zeitung schreibt das.« Andere würden schließen, von wem die Zeitung diese Informationen erhalten hat, und sich beschweren, würden drohen.

Die Bedrohten würden sagen: »Du hast es nötig!«

Sie wollten den Toten weiter benützen. Zur Rechtfertigung oder zur Verurteilung.

Sie waren widerlich. Dem Volontär graute. Aber er hatte einen Auftrag. Und eine Geschichte.

Der Volontär riss die Tür zum Chefredakteur auf und sagte keuchend:

»In zwanzig Minuten haben Sie vierzig Zeilen.«

Er tippte. Er hatte sich und alle besiegt. Er hatte die Skrupel der Heimfahrt vergessen. Er würde dem Chefredakteur ein Staunen entlocken. Ein Anfänger, und so wenig scheu und so listig und so sensibel. Und irgendwie gut lesbar würde das auch werden. Der Tod des bekannten Geschäftsmannes war so unerklärlich nicht, wie Außenstehende zu

glauben nur allzu bereit waren. Freilich, die Enthüllungen würden nicht allen recht sein, einigen sogar peinlich. Aber hier ging es um Wahrheit, um Journalismus. Um den Volontär.
Er war fertig. Er las den Text noch einmal durch. Er hatte einen glänzenden Titel gefunden.
Mit der größten journalistischen Leistung seines Lebens in Händen betrat der Volontär das Zimmer des Chefredakteurs und legte ihm seinen Zweispalter hin.
Der Chef las den Text. Dann sah er den jungen Mann prüfend an.
»Das haben sie dir wirklich alles erzählt?«
Der Volontär bejahte.
»Da hast du aber gar nicht so blöd gefragt. War unangenehm, was?«
Der Volontär zuckte – verlegen stolz – die Achseln.
»Es ist schon ein unglaubliches Gesindel.«
Mit diesem Satz nahm der Chefredakteur das Papier, zerknüllte es und warf es in den Papierkorb. Dann sah er den Volontär tückisch an.
»Selbstmorde sind für unsere Zeitung grundsätzlich tabu.«
Der Volontär begriff nichts.
Dann ein wenig. Da saß ein zufriedener Lehrer, der einem Schüler etwas Gutes getan hatte. Der ausgebuffte Fuchs hatte ihn probehalber durch die Höl-

le gejagt. Aber so wichtig war ihm die Sache auch wieder nicht.

Er hielt dem Volontär einen Agenturbericht hin und sagte:

»Kürz das auf zwölf Zeilen.«

Das Duo

SIE WAREN IDEALE PARTNER, ein bekanntes und hochgerühmtes Duo der internationalen Konzertwelt, Geiger und Pianist. Sie beherrschten virtuos die gesamte klassische Literatur für Geige und Klavier, erschreckten ihr Publikum aber immer wieder einmal auf missionarische Art mit Neutönern.

In den Kritiken ihrer Auftritte fanden sich Formulierungen wie »vollendetes Zusammenspiel«, »kongeniales musikalisches Atmen«, »interpretatorische Übereinstimmung bis in die letzte Nuance«, und wie Lobesvariationen nur denkbar sind, immer wieder.

Ihre Agentur konnte sich vor Anfragen nicht retten, musste daher sorgsamst planen und auswählen. Ihre Tonträger waren – trotz der kleinen Krise in der Klassik-Branche – Pflichtbesitz der Kenner und Liebhaber.

Sie waren in derselben Stadt aufgewachsen, hatten auch dieselbe Schule besucht, dort einander aber noch nicht gekannt, denn der Pianist war zwei Jah-

re älter. Sie wussten also auch nichts vom Privatunterricht des jeweils hochbegabten Anderen bei einem Meister.
Erst eine Zufallsbegegnung an der Musikakademie – »Willst du das mit mir einmal durchspielen?« – ließ sie erst unbewusst, dann immer bewusster begreifen, dass sie füreinander bestimmt waren. So hatte sich die Karriere logisch entwickelt. Nicht dass die Künstler nicht auch solistisch, vor und mit großen Orchestern tätig waren, aber ihr großer Ruf begründete sich auf ihrem Duo.
Optisch waren sie unharmonisch. Der Pianist eher der Typ des Wissenschaftlers, bebrillt, seriös frisiert, in seiner Sprache leise, aber sehr bestimmt, der Geiger im Dialog brillant, in seiner Selbstdarstellung »Künstler« von Haarpracht bis Schuh, was aber mit seiner gestalterischen Ernsthaftigkeit in keiner Weise zu tun hatte.
Dementsprechend verlief die private Entwicklung der Duopartner. Der Pianist ehelichte eine Pädagogikstudentin, deren dieser Verbindung entsprossenen drei Kinder ihr Wissen auf dem Gebiet beanspruchten und sie daher sehr an das Haus banden. Die Pianistenfrau war also meist nur bei den Konzerten in der Heimatstadt anwesend, bei Gastspielen nur in mühsam zu organisierenden Ausnahmefällen. Der Geiger hingegen war kinderlos, mit

einer Physiotherapeutin mit gut gebuchter Praxis liiert. Er musste seiner Partnerin immer öfter erklären, wie sehr es ihn freute, sie bei Gastspielen an seiner Seite zu wissen. Die beiden Frauen konnten einander naturgemäß nicht ausstehen, da jede ihren Mann als den ansah, dem der andere alles zu verdanken hatte.

Es war der Morgen nach einem umjubelten Auftritt im Großen Konzerthaussaal einer französischen Großstadt. Da läutete das Telefon neben dem Bett des Pianisten. Er war nur so zu erreichen, denn die tragbaren Geräte lehnte er aus Geschmacksgründen für sich ab.

Am Apparat war seine Frau.

»Hast du die …« – sie nannte den Namen des bedeutendsten Wochenmagazins – »gelesen?«

»Warum soll ich?«

»Lies, dann weißt du's.«

Der Pianist rief die Rezeption an. Selbstverständlich lag das Magazin auch in Frankreich auf. Minuten später hielt er es in Händen. Er las darin eine sehr ausführliche Würdigung seines Partners, des schönen und erfolgreichen Geigers, bebildert mit einigen attraktiven Fotos, von denen nur eines auch den begleitenden Pianisten zeigte. Die Erklärung dafür fand sich auf Seite drei des rühmenden Porträts.

»Erstaunlich und für die Fachwelt schwer begreiflich ist seine Unbeirrbarkeit in der Festlegung auf seinen Klavierpartner. Es kann nur auf großer persönlicher Sympathie oder Treue beruhen, einen weder technisch noch gestalterisch ebenbürtigen Musiker an seiner Seite zu haben. Häufig scheinen gewählte Tempi der technischen Limitiertheit des Pianisten geschuldet zu sein.«
Der Pianist brach an dieser Stelle die Lektüre ab und schwenkte mit seinem Blick auf den Namen des Verfassers. Es war – für ihn erwartungsgemäß – der einer Verfasserin. Und er erinnerte sich sofort, sich vor Jahren über blitzartig rote Wangen einer Journalistin gewundert zu haben, als er apodiktisch der Interviewpartnerin erklärte, Musikkritiker, die nicht Noten lesen könnten, gehörten verboten.
Als der Pianist zum Frühstück kam, hatte der Geiger das Magazin schon in der Hand. Schon auf Distanz sagte er zum Herankommenden: »Ist das eine Idiotin!«
Der Pianist zuckte die Achseln und setzte sich.
»Aber du hast doch mit ihr gesprochen?«
»Natürlich. Ich habe dich und uns in den höchsten Tönen gepriesen. Sie hat notiert und leicht gelächelt. Ich habe das für Übereinstimmung gehalten.«
Man trank seinen Kaffee.

Auf der Fahrt im reservierten Abteil zur nur zwei Stunden entfernten Tourneestadt – der letzten für diesmal – sagte der Geiger mit einer gewissen Besorgnis in der Stimme:
»Du bist doch nicht etwa bös?«
»Ich kann nicht sagen, dass es mich freut«, war die Antwort. Dann wurde sehr wenig, und wenn, über Politik gesprochen.

Die Tournee war vorbei. Der Pianist ordnete an seinem Schreibtisch – nahe den zwei prachtvollen Flügeln, einem Steinway und einem Bösendorfer – die Post. Da rief die Agentin an.
Diese Dame, weit entfernt in einer anderen Stadt lebend, war eine überaus kultivierte Person, mit sehr viel Illustration dieser Tatsache an Fingern, Hals und Ohren. Sie war verwitwet und immerhin Erbin eines in der Branche sehr brauchbaren »von«. Sie konnte sehr genau denken und disponieren.
Sie sagte zum Pianisten: »Er muss reagieren. Ich hab ihm das gesagt. Er ist mit einer Frage direkt angesprochen. Er muss denen einen Brief schicken.«
»Tut er's?«
»Zuerst war er ziemlich ungehalten, dass ich es von ihm gefordert habe. Er wisse schließlich selbst, was

er zu tun hätte. Aber dann hat er bestätigt, es sei wohl erforderlich.«

»Ich bin gespannt.«

Dem Pianisten selbst wäre das mit dem Leserbrief gar nicht eingefallen. Jetzt wunderte er sich darüber. Denn eine Richtigstellung – möglichst witzig und polemisch – so in der Art von »… Ihre sehr einsame Meinung …« – wäre angesichts der exklusiven Position dieses Blattes zwar nicht erforderlich, aber doch ein Akt der Hygiene.

In der Woche darauf kaufte der Pianist sich das Magazin. Er fand unter den Leserbriefen keinen zu dem Geigerporträt, so auch keinen seines Partners. Seine Frau sagte, nicht aufsässig, aber doch leicht tendenziös: »Er traut sich wahrscheinlich nicht. Er will sich's mit diesem Feuilleton nicht verscherzen.«

»Das kann ich mir nicht vorstellen«, sagte der Pianist.

Er rief seinen Partner an. Unter dem Vorwand, Umstellungen im Repertoire der nächsten Konzertreise diskutieren zu wollen. Beiläufig brachte er auch die Frage unter:

»Sag, hast du eigentlich auf den Artikel reagiert?«

»Natürlich«, hörte er. »Ich mail dir den Text.«

»Wie du weißt, hab ich kein Mail.«

»Richtig. Du kriegst ihn mit der Post.«
Zwei Tage darauf war der Brief in Kopie da. Der Pianist las ihn. Er fand, er hätte entschiedener und schärfer sein können. Eine Formulierung wie »… und was die Partnerwahl anlangt, möchte ich doch ersuchen, Ihre subjektive Meinung nicht über mein seit vielen erfolgreichen Jahren gefestigtes Wissen um Qualität zu stellen …« war eigentlich das Papier nicht wert, dachte er. Aber, dachte er weiter, besser als nichts.

In der Woche darauf standen im Magazin zwei Leserbriefe, die der enthusiastischen Lobpreisung des Geigers beistimmten, auf die Problematik der Partnerwahl aber in keiner Weise eingingen. Den Brief vom Geiger gab es nicht.
Der Pianist erwog kurz, den Geiger anzurufen. Dann aber sagte er sich: Wozu?, der kann doch nichts dafür, dass sein Brief nicht abgedruckt wurde. Aber die Unsicherheit quälte. Er beschloss, etwas zu tun, was ihm seit jeher zutiefst widerstrebte, nämlich den direkten Kontakt zu einem Journalisten, in diesem Falle einer Journalistin zu suchen. Er rief im Magazin an, bat, verbunden zu werden, und wurde es. Die Autorin des Geigerporträts erklärte höflich, ohne Irritation, es sei kein Leserbrief mit diesem Absender eingegangen, mit der

Mitteilung, der Anrufer hätte eine Kopie des Briefes gelesen, könne sie weiter nichts anfangen, da sie ihn ja – wie schon gesagt – nicht kenne. Sollte der Brief jetzt noch eintreffen, würde er nicht mehr erscheinen, da man in diesem Hause Leserbriefe grundsätzlich nur zwei Nummern nach Erscheinen des Anlasses veröffentliche.

Der Pianist bedankte sich für die Auskunft. Er verspürte einen leisen Anflug von Paranoia. Diese arrogante Kanaille musste gelogen haben. Oder doch nicht? Er war sich bewusst, in eine psychologisch nicht ungefährliche Lage geraten zu sein. Aber es gab wohl kein Zurück mehr.

Er entsann sich eines Jugendfreundes, der jetzt in der Wirtschaftsredaktion des Magazins im ersten Glied tätig war, rief den an, nicht ohne sich verlegen für die Lächerlichkeit des Ansinnens zu entschuldigen, und fragte den Mann nach der etwaigen Möglichkeit zu klären, ob in der Leserbriefredaktion besagter Brief eingegangen wäre. Der Wirtschaftsredakteur war zur Recherche bereit.

Nach kurzer Zeit kam die Auskunft. Der Eingang des Briefes sei nirgendwo vermerkt. Aber, sagte der Wirtschaftsredakteur schmunzelnd, sollte der Brief nicht an die Redaktion, sondern an die Dame persönlich adressiert gewesen sein, dann könnte sie ihn natürlich auch weggeschmissen haben. Schon war der Pianist erleichtert. Das und nur das konnte die Erklärung sein. Aber der Gesprächspartner hatte noch eine Wendung parat.

»Vielleicht hat dein Kollege den Brief so spät abgesandt, dass eine Veröffentlichung nicht mehr möglich war?«

Der Pianist wusste nicht mehr, was er glauben sollte. Beim fürsorglich an den Schreibtisch gebrachten Kaffee fragte er seine Frau, zu welcher These sie neige. Die neigte nicht, sondern war sich sicher: Der Geiger hat den Brief geschrieben, dem Partner die Kopie geschickt, das Original aber tagelang mit sich herumgetragen, weil seine Lebensgefährtin ihm geraten hätte, eine so wichtige Redaktion nicht wegen einer Lappalie gegen sich aufzubringen.

Jetzt war der Giftstachel nicht mehr eliminierbar. Dem Pianisten wurde schmerzlich klar: Die Feststellung des großen Magazins, die wahren Kenner wüssten nicht, was einen großen Geiger veranlasst, mit einem keineswegs großen Pianisten im Duo zu spielen, würde unwidersprochen bleiben. Es half ihm nichts, sich zu sagen, es handle sich um *eine* Meinung im Gegensatz zu vielen, zu – so gut wie – allen.

An eine Wahrheitsfindung war nicht mehr zu denken, zumal der Geiger bei einer Terminrückfrage einmal, so nebenbei, einwarf, er könne sich keinen Grund vorstellen, warum »diese Schwachköpfe« seinen Leserbrief nicht abgedruckt hätten.

Sie gaben ihr nächstes Gastspiel. Wie immer teilten sie sich die größte und schönste Garderobe, zogen ihre Bühnenkleidung an, der Geiger einen exzentrischen schwarzen Anzug, der Pianist einen leichten Stresemann, wie immer ging der Pianist noch in das Raucherzimmer, um ein paar Züge einzusaugen, wie immer fingerte der Geiger noch einmal an seiner Stimmung herum. Diesmal war auch die Lebensgefährtin des Geigers nicht mit von der Partie. Sie machte zurzeit auf Sri Lanka eine Ayurveda-Kur.
Selbstverständlich war der prächtige Konzertsaal bis auf den letzten Stehplatz gefüllt. Selbstverständlich war der Auftrittsapplaus für die beiden Künstler überdurchschnittlich intensiv. Das Konzert nahm einen normalen Verlauf.
Bis im 3. Satz der Kreutzer-Sonate der Pianist ein Tempo anschlug, das den Geiger nicht nur unvorbereitet traf, sondern sogar bis zur Unspielbarkeit forderte. Sein entsetzter Blick traf auf ein völlig ahnungslos erscheinendes Pokerface des Pianisten. Fluchtweg gab es keinen. Es war der erste Programmpunkt nach der Pause. Von da an machte

der Pianist immer wieder Ungewohntes, Irritierendes, aufdringlich Solistisches, ohne Rücksicht auf den Partner. Dem normalen Publikum blieben diese Exzesse unentdeckt, den Musikkennern musste aber dämmern, dass es Meinungsverschiedenheiten in der Interpretation gab. Dem Geiger rann der Schweiß in Strömen den Rücken herunter. Dennoch war der Schlussapplaus intensiv wie immer. Oder doch nicht so ganz?, vermutete der Pianist. Der Geiger verweigerte die Zugabe, was das Publikum ein wenig befremdete.

In der dunkel getäfelten Garderobe fragte er, sein klatschnasses Hemd sich herunterreißend, seinen Pianisten, ob er geisteskrank geworden wäre. Das verneinte der. Er sagte, er hätte schon seit längerer Zeit das Gefühl, die Routine mache das Duo steril, es sei Zeit, das Zusammenspiel wieder zu verlebendigen.
Das Gespräch erstarb.
Zwei Tage später stand im Feuilleton einer Tageszeitung der allerersten Garnitur, »überraschenderweise« hätte der Geiger »neuerdings technische Probleme«, was umso merkbarer sei, da sich die Meisterschaft des Pianisten geradezu »tödlicher Vollendung« nähere.
Kurze Zeit darauf traf bei der Agentin das Ersu-

chen des Geigers ein, für ihn keine Duo-Auftritte mehr abzuschließen. Als sich die Dame beim Pianisten erkundigte, ob da irgendein Wahnsinn ausgebrochen sei, meinte der, er verstünde seinen Partner und gebe ihm recht im Vorhaben, eine schöpferische Pause mit offenem Ende zu machen. Da die Agentin sich im Wissen um ihre Prozente damit nicht zufriedengeben wollte, fügte er hinzu, es solle schon Ehepaare gegeben haben, die nach der Scheidungsverhandlung nicht mehr so recht gewusst hätten, wie alles so gekommen war.

Jahre danach noch wurden die beiden Künstler von Anhängern und Fachleuten gefragt, warum sie nicht mehr im Duo auftraten. Der Pianist sagte, der Geiger hätte sich stilistisch – ohne Niveauverlust, wohlgemerkt! – in eine andere Richtung entwickelt. Der Geiger sagte, der Pianist hätte dem Drängen seiner Frau, die Solokarriere zu forcieren, nachgegeben.

Ihre gemeinsamen Tonträger nahmen beide nicht mehr in die Hand.

Das wohltemperierte Klavier

DER KLAVIERSCHÜLER LITT von dem ersten Tag an, an dem ihn seine Eltern zwangen, dieses Instrument zu erlernen. Nicht dass er unmusikalisch war, nicht dass er Musik nicht gerne hörte, die Art und Weise, wie ihm eine alte, dürre »Frau Professor« in ihrer muffigen Wohnung erklärte, er müsse die Fingerübungen eines dicken Bandes, der sich »Klavierschule Sowieso« nannte, »besser üben«, war ihm unerträglich. Auch Vorschriften wie »Finger heben«, »Finger rund halten« hatten seiner Meinung nach mit Musik machen nichts zu tun. Da er aber ganz und gar nicht antiautoritär erzogen wurde, gab es kein Davonkommen. Der Vater, ein Speditionskaufmann, hatte den Flügel geerbt, die Mutter, ein verhinderter Mezzosopran, wünschte sich jemanden, der sie »begleitet«. Also ruhten Hoffnung und Verpflichtung auf dem Zehnjährigen. Er wurde Schüler des Konservatoriums und von diesem eben der in ihrer Wohnung unterrichtenden Dame zugeteilt. Daneben besuchte der Klavierschüler auch noch einen Kurs in Harmonielehre und Kontrapunkt, der ihn tödlich langweilte, und einen in Chorgesang. Der machte Spaß, denn er roch nach Mädchen.

Das Klavierspiel, besser gesagt, das häusliche Üben und der wöchentliche Gang zu dieser Pädagogin, belästigten ihn.

Nach zwei Jahren gab es das erste Vorspiel vor dem Lehrerkollegium. Es war ein Desaster. Der Klavierschüler spielte das für zwei Jahre Unterricht viel zu ärmliche Repertoire auch noch fehlerhaft. Er wäre mit Sicherheit vom Konservatorium verwiesen worden, hätte nicht die Leiterin des Chorgesanges gesagt, er wäre ein so aufgeweckter und so hochmusikalischer Bursche, vielleicht wäre ein Lehrerwechsel eine gute Maßnahme. Dieser Meinung schloss sich der Direktor des Konservatoriums an, denn er kannte den Vater des Klavierschülers, den Speditionskaufmann, von einem Geselligkeitsverein namens »Schlaraffia«. Und er wollte seinem Schlaraffenbruder keinen Schmerz zufügen.

So kam der zwölfjährige Klavierschüler zu einem männlichen Professor.

Das war eine neue Welt. Das war ein Herr, ein »Sir«, wie der Jugendjargon solche Typen zu nennen pflegt. Er unterrichtete in einer kleinen Villa mit Vorgarten. Das Klavierzimmer hatte weiße Wände, große Fenster, einen von einem dunkelroten Perser teilweise bedeckten Parkettboden. An Mobiliar gab es nur einen Notenschrank, darauf ein Plattenspieler, zwei Klavierhocker und einen prächtigen schwarz glänzenden Konzertflügel.

Der schlanke, leicht graumelierte Professor trug immer Anzug und Krawatte und schien weniger Klavier unterrichten als über Musik reden zu wollen. Das faszinierte den Klavierschüler. Der Professor nahm ihm alle Noten ab, die ihm seine ehemalige Lehrerin aufgezwungen hatte, verwarf sie mit spöttischen Bemerkungen, fand auch über die Musikstücke, die er dem Schüler vorlegte, keine guten Worte, begründete aber, warum es Sinn mache, sie zu erlernen, weil ihre Beherrschung weiterführe. Er sprach nicht über Fehler, sondern über Musik, er vermittelte dem Zwölfjährigen ein Gefühl von Kollegialität. Der Klavierschüler änderte sich. Er wollte zwar immer noch nicht das Klavierspiel erlernen, aber er wollte diesen Professor zumindest nicht enttäuschen. Er übte. Nicht viel, nicht genug, aber eben doch so viel, dass der Professor kleine Fortschritte kommentieren konnte. Und der Klavierschüler verehrte den Professor. Denn der erschloss ihm den Begriff »Musik«.

So vergingen zwei Jahre. Die Fortschritte waren nicht annähernd so wie bei Hochbegabten, aber sie

waren merkbar. Doch jetzt brach über den Vierzehnjährigen etwas herein, was er nicht definieren konnte, was aber Auswirkungen auf seinen Musikgeschmack hatte. Er hörte Tag und Nacht Schlager-, Pop- und kommerzielle Jazzmusik. Das war die Musik, hinter der er Paarungen vermutete. Er ging zuhause an den elenden, kurzen Flügel und versuchte – ohne Noten – simple Melodien irgendwie in den Griff zu kriegen. Er begriff die Terzen von »La Paloma« und klimperte sie pausenlos. Allerdings nur, wenn kein Elternteil in der Nähe war, denn sonst hätte es geheißen »Spiel was Anständiges«.
Der Klavierspieler begann wieder sehr schlecht vorbereitet in die Unterrichtsstunde zu kommen. Und er schämte sich. Zumal der Professor unendlich geduldig blieb. Es gab keine Vorwürfe. Es gab nur die Bereitschaft zu lehren, in dem Maße, in dem der Schüler das annahm. War der einmal gar nicht vorbereitet, brach der Professor ab, legte eine Schallplatte auf, eine Symphonie etwa, und erklärte dem Klavierschüler, warum er dieses Dirigat einem anderen vorzöge.
Der Klavierschüler wurde zum Zerrissenen. Klimperte er zuhause seine Schlager, brach er voller Schuldgefühl ab und versuchte verzwickte technische Stellen aus einer Geläufigkeitsschule zu üben.

Das nervte ihn nach kurzer Zeit und er begann abermals mit Schnulzen. So ging das hin und her. Er kam in schlechter nervlicher Verfassung zum Unterricht. Daran hatte auch ein weibliches Wesen Schuld, dem er im Hause des Professors immer wieder einmal zwischen Tür und Angel begegnete. Eine Tochter, zwei Jahre jünger als er und nicht von dieser Welt, was die Schönheit betraf. Ein Engel. Eine Fee. Sie dankte seinem Gruß immer nur scheu, hielt sich nicht auf, aber hinterließ sein ohnehin ramponiertes Nervensystem in Fetzen.
Für die nächste Kontrollprüfung vor dem Kollegium stellte ihm der Professor mit größtem Raffinement ein Programm zusammen, mit dem er über seine technischen Mängel hinwegtäuschen und musikalischen Gestaltungswillen andeuten konnte. Er überstand die Prüfung mit Ach und Krach.
Aber die entscheidende Wende zum Debakel des klassischen Klavierspiels kam.
Das war auf der Party einer Mitschülerin aus dem Gymnasium. Die hatte schon einen Freund, einen Kunststudenten, der aber auch Hobbyjazzer war. Irgendwann ging der – eitel wie alle Hobbymusiker – zum auch hier vorrätigen Klavier und spielte Swing in einer für das Urteilsvermögen des Klavierspielers herausragender Qualität. Der Klavierschüler setzte sich daneben hin, spielte im Geist mit,

und als der Hobbyjazzer Pause machte, fragte er, wie man diese vielen Titel auswendig speichern könnte, kurz, wie Jazz funktioniert.
Der Hobbyjazzer war hocherfreut über das Interesse und belehrte ihn. So erfuhr der Klavierschüler von einem für ihn völlig neuen Zugang zur Musik, dem Musizieren anhand der Harmoniesymbole, oder wie die Angelsachsen sagen, der »Changes«. Der Hobbyjazzer zeichnete ein paar Harmoniesymbole auf eine Papierserviette und zeigte dem Klavierschüler, mit welchen Griffen man die realisiert. Als der das Wort »Fingersatz« erwähnte, brach der Hobbyjazzer in Gelächter aus. Der wäre völlig uninteressant, sagte er, man greife so, wie es einem einfiele, wie es die Finger hergeben.
»Und merk dir einen Satz, den mir einmal der« – er nannte einen bekannten Pianisten der Szene – »gesagt hat. ›Aus dem Ungeschick entstehen auch interessante Figuren!‹«
Dann empfahl er noch eine ganz neue, plausible Jazzharmonielehre.
Die besorgte sich der Klavierschüler am nächsten Morgen, eine Minute nach der Geschäftsöffnung des Musikalienladens. Dann raste er nach Hause und übte. Die Eltern waren über diese neuen Klänge entsetzt, erklärten das Schulgeld für die bisherige Ausbildung für »zum Fenster hinausgeworfen«.

Sie hatten aber keine Chance mehr. Der Klavierschüler war in seiner musikalischen Heimat gelandet. Kraft seiner Intelligenz beherrschte er die Jazzharmonik in Kürze.
Für den Professor übte er nur mehr sporadisch. Manchmal so wenig, dass er sich nicht in die Stunde traute und telefonisch krankheitshalber absagte. Einmal ging er zum Unterricht und bandagierte sich davor das Handgelenk, um wegen einer »Prellung beim Volleyball« nicht spielen zu müssen. Da unterhielten sie sich eine Stunde lang über Musik. Der Klavierspieler ließ ganz unschuldig einmal das Wort »Jazz« einfließen. Da merkte er, dass er in dem Sir keinen Partner hatte. Der meinte, er kenne nur zwei ernstzunehmende, gelungene Versuche, Jazz und symphonische Musik zu verbinden, das seien George Gershwins »Rhapsody in blue« und sein »Concerto in F.«. Von purem Jazz hätte er keine Ahnung.
Ein paar Wochen darauf, kurz vor den Sommerferien, ging der Klavierschüler wieder einmal schweren Herzens zum Unterricht. Er war sich des Ausmaßes der Undankbarkeit gegenüber dem Professor schmerzlich bewusst. Er hätte den Mann am liebsten umarmt und um Verzeihung gebeten. Aber der war nicht da. Nur die mittlerweile vierzehnjährige Tochter, die Fee, der Engel. Die sagte,

der Vater wäre in der Stadt beim Arzt und käme daher etwas später. Dann verschwand sie. Der Klavierschüler ging in das Unterrichtszimmer, setzte sich an den Flügel und begann »How high the moon« zu spielen. Und er dachte, jetzt müsste sie eigentlich hereinkommen. Sie kam aber nicht. Vor Wut und Enttäuschung hämmerte er einen Boogie. Da ging die Tür auf, und sie kam, stellte sich neben den Flügel und begann aus dem Stand zu tanzen. Der Klavierspieler spielte um sein Leben und mit der linken Hand nicht ganz sauber. Da hörte er von ferne einen leicht ironischen Satz:
»Ah, das wohltemperierte Klavier.«
Der Professor war heimgekommen. Die Fee entschwand in ihr Zimmer. Der Klavierschüler saß mit rotem Kopf da und log: »Ich hab das einmal probieren wollen.«
Der Professor sagte nichts, aber sein kluges Gesicht verriet: Ich glaube dir kein Wort.
Die letzten beiden Stunden vor dem Sommer schwänzte der Klavierschüler kommentarlos. Nach den Ferien ging er nicht mehr zum Unterricht. Ein Jahr später brach er das Gymnasium ab. Er wurde Berufsmusiker im Pop- und Jazzrepertoire. Ein guter Musiker, eher konventionell, stilistisch zwischen Oscar Peterson und George Shearing, natürlich nicht annähernd so gut wie diese heroes. Der

Kontakt mit seinen Eltern reduzierte sich mehr oder weniger auf Feiertage.
Er lebte sein Leben.
Er hatte nur ein Handicap. Zwei schwere psychologische Macken. Die erste war, er wollte jedes neu erarbeitete Stück der blonden Kindfee vorspielen, sah sie ununterbrochen neben dem Klavier stehen. Dabei hatte er ein ausgeglichenes Sexleben zwischen Studentinnen und Kellnerinnen, ganz besonders gerne mit kellnernden Studentinnen. Aber Klavier spielte er im Grunde immer wieder nur für die Eine.
Die zweite und viel gefährlichere Macke: Immer wieder erschien ihm der Professor und sagte: Ah, das wohltemperierte Klavier. Sofort hatte er dann Angst vor einem Fehler. Wenn er in seiner Heimatstadt war, zum Glück eben sehr selten, fürchtete er panisch, seinem geliebten und sicher von ihm enttäuschten Professor zu begegnen.

Es vergingen etwa fünfzehn Jahre. Der Klavierspieler war mit seinem Trio im »Jazzworld«, einem sehr guten Club der Universitätsstadt, engagiert. Beim zweiten Set der Opening-Night sah er zwei Frauen sich an einen Tisch in der vordersten Reihe setzen. Er sah noch einmal und noch einmal hin. Sah sie ihr nur ähnlich oder war sie es?

In der ersten Pause steuerte er den Tisch an. Sie war es. Sie war die Fee. Der Engel. Stark verändert. Zu mager. Die Augen flackernd. Die Frau neben ihr trug Leder. Anthrazit. Sie erlaubte ihrer Begleitung das Gespräch mit dem Mann und ging an die Bar. Er wusste Bescheid und nahm Platz.

Die Ex-Fee wollte sein Klavierspiel loben. Er unterbrach.

»Wie geht es Ihrem Vater?«

»Der lebt nicht mehr.«

»Wieso? War er krank?«

»Nicht wirklich.«

»Was heißt das?«

»Depression.«

Er starrte sie an. Sie setzte fort:

»Ja, er hat sich umgebracht.«

Der Klavierschüler konnte es nicht fassen.

»Ja wieso denn?«

Sie erzählte fahrig und stockend.

»Er hat immer darunter gelitten, als Solist nicht anerkannt zu sein. Nur als Lehrer. Als junger Mann hat er Konzerte gespielt. Da gibt's Kritiken. Ganz gute. Aber das ist dann irgendwann abgerissen. Vor ein paar Jahren hatte er wieder eine Chance. Als Einspringer bei einem Konzert mit den Symphonikern. Er hat Brahms und Beethoven gespielt. Und zwei Tage darauf hat er Verrisse gele-

sen. Durch die Bank. Sie haben ihn im Hotelzimmer gefunden. Tabletten.«
Der Klavierspieler fühlte eine nie gekannte Traurigkeit. Er stand auf und ging zum Flügel. Er begann »I remember April«. Die Rhythmiker kamen, erst der Bass, dann der Drummer, nach und nach dazu. Sie wunderten sich über die Kürze der Pause. Der Klavierspieler spielte seine Trauer und er spielte wie noch nie in seinem Leben, er hörte harmonische Rückungen, Figuren von ungewohnter Brillanz, mutig, virtuos. Er meinte, so ähnlich könnte Keith Jarrett den Titel spielen.
Neben dem Flügel stand keine blonde Kindfrau mehr. Und er spielte zum ersten Mal in seinem Leben ohne Angst.

Besseres Bier

DER MALER WAR EIN GUTER TYP. Mit dem Kennenlernen dieses Malers hatte die weltbekannte Provinzstadt für den neuengagierten Regisseur ihre völlige Fremdheit verloren. Denn ein Theater ist einer Stadt dieser Art, das hatte er sofort begriffen, etwas Exterritoriales. Die Menschen am Stadttheater, die sich nicht mehr als exterritorial empfanden, hatten sich mit einem Kleinbürgerstatus, weit hinter jenem von Händlern und Beamten, zufriedengegeben.

Der Maler hatte ihn eingeladen. Da der Regisseur zu fragen vergessen hatte, ob der Maler allein oder mit Frau oder Freundin wohnte, besorgte er einen kleinen Blumenstrauß und ein antiquarisches Büchlein mit »Heldenzeichnungen aus dem Ersten Weltkrieg«.

Er kletterte in einem schon recht verwahrlosten Haus über eine enge Treppe hinauf in eine winzige Dachwohnung. Die Wohnung war so klein, dass der Optimismus des Gastgebers erstaunlich war,

hier Gäste bewirten zu wollen. Der aber hatte das mit drei Leuten vor, denn es gab da noch ein Architektenehepaar als weitere Gäste.
Während eines angeregten Gesprächs mit den Architekten über Bausünden konnte er mit ansehen, wie der Maler auf der Parodie eines Ofens über Stunden ein zwölfgängiges Menü bereitete, das, neben Käse und Salaten, alles vom Lamm bot.
Während des Schwärmens über jeden Gang gestand er, was das rein Kulinarische betraf, mit eher gemischten Gefühlen gekommen zu sein: Er hätte – und jetzt schämte er sich dafür – eher mit Toast oder Pizza gerechnet.
Brüllendes Gelächter vor allem von Seiten der Architekten war die Antwort. Der Maler hatte offensichtlich einen gestandenen Ruf als Meisterkoch.
Der Maler zeigte sein Kochbuch, das noch von seiner oder irgendeiner anderen Urgroßmutter stammte. Man blätterte in den mit Fettspritzern übersäten Seiten und freute sich, dass die Verfasserin eine »Hofköchin« bei den Fürsten Sowieso gewesen war.
Bald stellte das durch Weine aus Karaffen zunehmend illuminierte Quartett die Theorie des Zusammenhanges von Kunst und Kochen, also die Theorie der Kochkunst, her. Auf diesem Gebiet

war der Maler nicht zu schlagen. Essen sei Objektkunst, dozierte er. Das Essen hätte aber anderen Objekten gegenüber den Vorzug, sich durch sich selbst aufzulösen. Es sei ein Objekt, das kreiert werde, um rituell vernichtet zu werden. Das habe den immensen Vorteil, dass man keine Museen für Essensobjekte bauen müsse. Oder hätte etwa einer der Anwesenden schon einmal ein Essensmuseum gesehen?
Der Regisseur war sich einmal mehr darüber im Klaren, wie sehr die Kultur die »Gesellschaft« verlassen hat. Alle Anwesenden begannen die Gaumenverödung einiger ihnen bekannter bürgerlicher Mitmenschen zu denunzieren. Die Architektin berichtete, sie habe kürzlich in der Küche der Frau eines Stadtrates für Kultur jenes Einheits-, jenes Universalgewürz in der Dose stehen sehen, für das im Fernsehen, mit dem Argument, es ersetze alle anderen, ununterbrochen geworben werde. So sei die Kultur dieser beschissenen Stadt, sagte der Maler, genau so. Richtig beschissen.
Der Regisseur fragte, ob sich der Maler diesen Stil, Gastgeber zu sein, überhaupt leisten könne.
Nein, sagte der ganz offen, das könne er selbstverständlich nicht. Aber, fügte er hinzu, er könne es sich auch nicht leisten, kein guter Gastgeber zu sein. Er verkaufe die Mehrzahl seiner Bilder über

die permanente Fress-Vernissage in seinem Haus, er honoriere den Kauf von Bildern mit seiner Bemühung am Herd. Sein Gastgebertum war Teil seines Geschäftsgebarens. Auch um den Preis, gelegentlich Leuten etwas servieren zu müssen, bei denen Erklärungen, was sie da aßen, sinnlos waren.

Als der Regisseur sagte, er würde jetzt sofort ein Bild kaufen, um wieder eingeladen zu werden, meinte der Maler, der Ankauf wäre für weitere Einladungen keineswegs erforderlich. Man bot einander das Du an. Die Architekten notierten sich einen Premierentermin. Sie wären schon seit Jahren nicht mehr im Schauspiel gewesen, gestanden sie, jetzt würden sie wieder gehen.

Einige Tage danach saß der Regisseur mit seinem Intendanten im Kaffeehaus. Sie hatten sich aus dem Theater zurückgezogen, denn es war ein Grundsatzgespräch erforderlich geworden. Der Intendant erklärte, einer verdienten Dame des Hauses eine Rolle schuldig zu sein und überdies das Gästebudget nicht weiter strapazieren zu können. Die Argumente gingen hin und her. Das schöne, gediegene, dem Theater nahe Kaffeehaus hat in seiner Geschichte gewiss schon viele derartige für den Weltgeist entscheidenden Gespräche mit anhören müssen.

Die Debatte wurde unterbrochen durch das Auftauchen einer jungen Dame, der Gattin des führenden Wirtschaftsprüfers der Stadt, die im Vorbeirauschen dem Intendanten »nur ganz rasch« zu seiner miesen Inszenierung von »La Cenerentola« gratulieren wollte, die sie »hinreißend« und »entzückend« fand.
Das kurze Intermezzo mit der theaterbegeisterten Dame endete mit einer Einladung zur Einweihungsparty des neuen Hauses des Wirtschaftsprüfers.
Der Intendant musste einer Reise wegen zutiefst bedauern, er hatte an diesem Abend eine Verabredung mit der stellvertretenden Ballettmeisterin.
Ob denn der eben vorgestellte neue Regisseur nicht vorbeischauen wolle, ganz zwanglos?
Der zauderte.
Die Gattin des Wirtschaftsprüfers meinte, ihm Hemmungen oder Komplexe nehmen zu müssen.
»Wir machen auch gar keine Umstände!«, sagte sie.
»Warum eigentlich nicht?, dachte er, sich leicht verneigend.
Als er das fast allein gelegene Haus am Stadtrand sah, dort, wo sich ein gutes Wohnviertel langsam in alten, von Umweltschützern zäh verteidigten Wiesen verlor, fielen ihm die Erzählungen der Architekten beim Maleressen ein.

Das also war eines der Häuser, deren Erbauer die mit teuerstem Materialaufwand hergestellte Schlichtheit mit Mangel an Physiognomie verwechselten.

Er erinnerte sich an ein Bühnenbild des führenden Staatstheaters. Das hatte aus einem Edelstahlgerüst bestanden und war daraufhin, da der Edelstahl so auffällig nach Edelstahl aussah, mit Klosettpapier umwickelt und grau abgespritzt worden. Damals hatte er angemerkt, das hätte man mit einem preisgünstigeren Holzgerüst auch machen können. Aber derartige Bemerkungen galten immer schon als unkünstlerisch.

Die freundlichen, reichen Wirtschaftsprüfer hatten auch innen in auffälliger Weise keine Umstände gemacht.

Da mussten lange, planende und abwägende Gespräche geführt worden sein, bis man sich entschlossen hatte, beim exklusiven Partyservice Schweinebraten, Knödel, Kraut- und Kartoffelsalat zu ordern. Der Regisseur versuchte, den Gedankengängen der Hausleute nachzuspüren. Sollte der Eindruck erweckt werden, zur Prasserei wäre nach dem Hausbau nicht mehr genug übrig, so reich wäre man an seiner Klientel wiederum auch nicht geworden? Oder sollte der Eindruck erweckt werden, ein auch noch so guter Geschäftsgang würde dieses Haus nie zur Verschwendung verleiten?

Der Regisseur besah und beroch Schweinebraten und Sauerkraut und hatte keine Mühe, auch auf Distanz festzustellen, dass sie von ausgezeichneter Qualität waren.

Dankend nahm er zunächst ein begrüßendes Glas Champagner in Empfang und bat, das Haus bewundern zu dürfen. Das war nun nicht mehr ganz so einfach, denn es waren schon viele Leute da. Die gingen die Treppe hinauf und wieder hinunter, wiederholten diese Passage mehrmals, grüßten, stellten vor und bewunderten. Meist bewunderten sie Schlichtheit und Großzügigkeit. Man säße in diesen Stühlen *ganz besonders gut*, hörte er im Vorbeigehen sagen.

Er malte sich aus, wie die Gesellschaft sich ihm in etwa drei Stunden darstellen würde.

Diese vier Herren dort würden über Arbeitszeitverkürzung und Umwegrentabilität diskutieren.

Diese Dame würde in regelmäßigen Abständen sagen: »Also, ich weiß nicht.«

Dieser alte Herr würde im Gespräch mit der Studentenrunde, die ihre pflichtgemäßen Protestjahre artikulierte, erklären, von allen der einzige *echte* Kommunist zu sein.

Währenddessen führte er den einen oder anderen

Dialog über Theater. Der »Faust« vor drei Jahren wäre eine für dieses Theater doch ungewöhnlich gute Aufführung gewesen, erfuhr er, während die »Geschichten aus dem Wienerwald« in der letzten Saison stellenweise ins Kabarettistische abgeglitten wären.

Er versuchte sich eine Antwort auf die Frage zu geben, für wen Theater gespielt wird. Nicht wenige Anwesende hatten – das ergab das Gespräch – ein Premierenabonnement.

Er war wieder bereit, bürgerlichen Eltern recht zu geben, zum Theater gehende Kinder solch idiotischer Berufswahl wegen zu enterben.

Die Hausfrau hatte Takt und gesellschaftliches Format. Sie tat ihre mit ihrem Mann abgesprochene Pflicht. Sie hatte allen Gästen beiläufig zu gestehen, was diesem Haus so schmerzlich fehle, weil es finanziell einfach »Wahnsinn« gewesen wäre. Die Außentreppe nämlich, die auf der Zeichnung des befreundeten Architekten so »hinreißend« ausgesehen hätte, die Außentreppe hätte man streichen müssen. Auch an den Innenpool sei vor dem nächsten oder übernächsten Jahr überhaupt nicht zu denken.

Als sie das auch dem Regisseur erklärte – ihr Blick ruhte während des Abends häufig auf ihm, um sich seiner Integration zu vergewissern –, fiel ihr ein, sie hatte das Allerwichtigste vergessen. Sie hatte dem Mann vom Theater nicht sofort und nicht eigenhändig zu essen gegeben. Sie stammte aus einer Marmeladen-Dynastie, hatte es also in den Genen, dass es die »Künstler« sind, die stets bevorzugt gesättigt werden müssten.

Er wehrte ab. Man hätte ihn aufs liebenswürdigste zum Buffet gewunken. Er hätte nur noch keinen Appetit gehabt. Mittlerweile hätte er einen. Das war nun gelogen. Er hatte keinen Appetit, er hatte Hunger.

Er dachte an die Innereien vom Lamm beim Maler und schluckte Speichel.

Warum ihm nur immer wieder der Abend beim Maler einfiel? Die beiden Veranstaltungen waren unvergleichbar. Und doch. Die drei beim Abend des Malers machten ihn für das Theater nervös. Würde man ihnen, wenn sie wie angekündigt kämen, entsprechen?

Aber die hier? Die Projektion dieser Leute in die leeren Sitzreihen eines Theaters verursachte Panik. Wie sich ihnen womit verständlich machen?

Und da waren noch die Bilder an den Wänden. Teils waren sie drittrangig, teils Blätter jener »Auflagen«, die man derzeit zu haben hatte.

Von seinem Maler, einem Bürger dieser Stadt, hatten sie nichts. Natürlich nicht, dachte er, denn dann wären die Gastgeber nach Art des Malers schon einmal bei ihm eingeladen gewesen. Und hätten danach die Sache mit dem Schweinebraten nicht mehr riskiert.

Freilich kann keine Frau für sechzig Leute kochen, dachte er, wenngleich Frau Wirtschaftsprüfer bei dieser Tätigkeit, das muss ich einräumen, so allein ja auch nicht sein müsste. Aber sie könnte doch für zehnmal sechs kochen. Oder für sechsmal zehn. Im Laufe der Zeit. Wenn es darum geht, das neue Haus beurteilen zu lassen, sehen zu lassen, dann wäre das mit weniger sich drängenden Menschen doch viel beeindruckender.

Er hatte zu dem Zeitpunkt, als ihm die freundlichen Hilfskräfte des Partyservice vom wohlriechenden Schweinefleisch herunterschnitten, schon ein paar Gläser Champagner getrunken. Nun wurde Wein angeboten, Weißwein, ein Franzose, so viel entnahm er mit flüchtigem Blick dem Etikett, sicher ein guter, dachte er, aber er verstand nichts von den Namen der Franzosen. Er war eben erst ein wenig in die Hierarchie der heimischen Billigweine eingedrungen.

Er hatte das Gefühl, protestieren zu müssen. Er wusste nicht, wie, nicht, wogegen. Er wusste nur, man durfte hier nicht einfach alles so geschehen lassen. Er müsste irgendeine, noch so arme, noch

so hilflose Stellung beziehen. Er spürte eine Schuldigkeit dem Maler gegenüber, hier nicht auch pausenlos alles gutzuheißen. Wo wäre da der Rangunterschied geblieben?
Zum Glück begann die Hausfrau die Einschätzung seiner Person und die Fürsorge für diese zu übertreiben. Sie spielte ihm noch einmal die zur Sparsamkeit gezwungene preisbewusste Gattin des gar nicht so reichen Hausherrn vor, nannte – so ganz vertraulich – eine rasend günstige Einkaufsquelle für diesen Wein und bezifferte die Konditionen und Preisnachlässe bei Abnahme von soundso vielen Kartons.
Da hörte er sich sagen: »Ich hätte ganz gern ein Bier.«
Der Hausfrau und ihrem so günstigen und doch so guten Wein hatte er einen Korb gegeben und um ein Bier – nein, nicht gebeten, das hatte er nicht, er hatte ein Bier gleichsam bestellt.
Das Haus hatte Bier zwar nicht eingeplant, der Schweinebraten stand eben in einem anderen Koordinatensystem, aber es war natürlich nicht in Verlegenheit zu bringen. In kürzester Zeit traf eine Flasche Lagerbier des größten nationalen Bierkonzerns ein.
Ein in der Nähe stehender Anwalt sagte: »Das ist eine gute Idee.«

Der Regisseur kannte das Bier. Er hatte es des Öfteren im Strandbad zur Wurstsemmel getrunken oder nach dem Tennis als Trost. Das war das Bier, das man immer zu Hause haben muss, für die Reparateure der Waschmaschine, für die, die Bier und keinen Kaffee haben wollen.

Er sagte: »Nicht böse sein. Aber das kann ich nicht trinken. Haben Sie nicht zufällig …«, und er nannte ein ihm gerade geläufiges Importbier.

Ein Chirurg bekräftigte: »Er hat nicht unrecht, unser junger Freund. Das« – und er sprach die im Haus befindliche Biersorte aus – »ist ja leider wirklich nicht zu saufen.«

Das Problem »Bier« breitete sich in Windeseile in alle Richtungen des neuen Hauses aus, als hätte manche Gruppe der Gesellschaft nur auf dieses Stichwort gewartet als thematische Befreiung des Abends.

Einige vertieften die Erkenntnis, Schweinebraten ohne Bier sei überhaupt nur halb so gut.

Andere erzählten, welche besonderen Biersorten sie zu Hause hätten – und zwar ausschließlich.

Wieder andere erwähnten, man hätte heute exquisiten Champagner getrunken und keinen billigen Sekt. Wieso also dieses Bier? Und die jungen Leute begriffen plötzlich lautstark und militant nicht, warum beim Partyservice nicht

auch ein riesiges Fass Bier für sie geordert worden wäre.
Keine Frage, es war besiegelt: Eine riesige Panne war passiert.
Der Hausherr, der sich bis jetzt mit wichtigen Geschäftspartnern dem Zentrum ferngehalten hatte, stieß zu einer Art Krisensitzung und bestimmte – dynamisch wie er war –, sofort ein Mietauto zu rufen und besseres Bier kommen zu lassen.
Der Regisseur hätte jetzt erklären können, das sei beileibe nicht nötig, hatte dazu aber keine Lust und auch keine Chance, denn es gab mittlerweile ein paar Gäste, die ihrerseits keineswegs hinter der Forderung nach besserem Bier zurückstehen wollten.
Die sagten rüde scherzend, sie wollten mit der zweiten Portion Schweinebraten warten, bis »trinkbares« Bier im Haus eingetroffen wäre. Und sie zwangen den Hausherrn zum Mitlachen.
Der Regisseur sah in allem nur noch Theater, eine dramatische Steigerung aufgrund eines kleinen zufälligen Einfalls. Als sein eigener Akteur hatte er nun alle Farben der Situation zu provozieren und durchzuspielen.
Er bedauerte mehrfach, die »reizenden Gastgeber« in eine »blöde Situation« gebracht zu haben.
Er gestand, untröstlich zu sein, bei Bier eben so schwer Kompromisse machen zu können.

Er übertrieb so schamlos, bis auch das zu erwartende Gegenspiel entstand.
Ein Apothekerehepaar, vehement bestätigt vom Werbeleiter einer Skifirma, fand es doch *sehr* fraglich, ob das bewusste Lagerbier denn wirklich *so* schlecht sei. Und man fand Parteigänger.
Langsam bildete sich in wieder anderen Gruppen der Anwesenden die Meinung, es wäre nicht gerade die Aufgabe eines – ohnehin seltsamerweise eingeladenen – Mitglieds des Stadttheaters, hier den Weltmann zu mimen.
Es gab Meinungsverschiedenheiten.
Vergnügt wie ein riesiges Rumpelstilzchen hüpfte der Regisseur herum und berichtete, kürzlich im Hause eines Malers dieser Stadt so überragend gegessen zu haben. Er detaillierte nach bestem Wissen Speisefolge und Zubereitungen.
Dass manche Leute es sich herausnahmen, etwas gegen Lamm zu haben, machte ihn nur noch aufsässiger.
Das Thema des Abends war das Feinschmeckertum.
Die verschiedenen Lokalen verliehenen oder entzogenen Sterne wurden Gesprächsstoff, die besonderen Fertigkeiten gewisser Köche und die Einmaligkeit diverser Einkaufsquellen.
Ein Gerichtspräsident schwärmte von der zartesten

Entenbrust, die er je gegessen hätte. Eine Direktionsassistentin wusste Speisen und Getränke zu nennen, bei welchen sie so besonders heikel wäre – und zwar »von Kindheit an«.
Die irritierte Hausfrau sah – die Blicke ihres Gatten spürend – ihre Chance nur in der scherzhaften und ständig wiederholten Frage, ob denn »so ein richtiger Schweinebraten« in all der Feinschmeckerei nicht einmal »die beste Abwechslung« wäre.
Diese Annahme wurde ihr äußerst konventionell bestätigt, so konventionell, dass sie das Fragen nach kurzer Zeit aufgab. Schweinebraten und Krautsalat hatten den Charme exklusiver Bescheidenheit verloren. Über der Party schwebte ein Duft ordinären Bratenfetts.
Das bessere Bier war längst eingetroffen, und es gab nicht wenige, die auf den Regisseur das Glas erhoben. Sie hätten es ihm zu verdanken, ihnen zu einem nicht mehr erhofften unbeschreiblichen Genuss verholfen zu haben.
Andere wiederum fanden es sicher unerträglich, wie bescheiden er abwehrte und Wein trank.

»Wetten, dass der Hausherr vor dem Einschlafen zur Hausfrau noch gesagt hat: Du bist und bleibst eine blöde Kuh!«, vermutete – selig über diese Geschichte – der Maler.

Er und der Regisseur saßen nach einem Fahrradausflug im Garten eines wunderschönen alten Landgasthofs. Sie hatten, unter Kastanienbäumen sitzend, Schweinebraten mit Krautsalat bestellt, tranken genau dieses verschmähte Bier und fanden wenigstens die Umgebung der Stadt schön.

Der Regisseur war sich gewiss, bei diesen freundlichen reichen Leuten nicht mehr eingeladen zu werden.

»Sei da nicht so sicher«, sagte der Maler, »die haben auch in diesen Dingen keinen Stil.«

Das Lettische Gambit

DEM MANAGER WAR MIES. Er schob das zur Hälfte genossene Essen der Business-Klasse, zunehmend angeekelt, von sich weg. Was hatte sein alter Vater gemeint, als er ihm am Telefon sagte: »Mein Bruder, dein von dir doch so heiß geliebter Onkel, verkommt leider total«?
Das war die Antwort des Vaters auf eine schon langer nicht mehr gestellte Frage: »Wie geht's eigentlich deinem Bruder?«
Wieso habe ich gefragt, fragte sich der Manager. Blöde Frage, antwortete er sich, weil ich diesen Mann doch nicht einfach weglegen kann.
Der Manager war im Anflug auf die Hauptstadt, die Stadt seines Studiums. Er erinnerte sich an seine Angst und seine Vorfreude. Die Vorfreude überwog. Endlich die Eltern, die Mittelstadt, den pubertären Mief loswerden. Endlich Karriere. Das heißt: die Voraussetzungen für eine Karriere schaffen.
Der Vater hatte ihm damals gesagt: »Wenn du einmal Hunger hast, wenn du – zum Beispiel am

Sonntag – dich richtig anfressen möchtest, geh ruhig zu meinem Bruder. Er hat mir gesagt, dass es ihn freuen würde. Ich meine, rein intellektuell hat er ja nichts zu bieten, aber vom Essen versteht er was. Das ist bei ihm immer sehr gut, auch wenn er beim Metzger so viel Schulden hat, dass er zwischendurch zu einem zweiten gehen muss.«

»Irgendwann wird er die Schulden aber bezahlen müssen, weil sonst ist die Geschäftsverbindung ja nicht aufrecht zu halten«, erwiderte der Sohn.

»Ich weiß auch nicht, wie er das macht«, sagte der Vater.

Der Sohn hatte das Thema Geld und Verdienst nicht absichtslos ins Gespräch gebracht, war sein Vater doch längst nicht mehr sparsam, sondern schon geizig.

Der junge Mann hatte eine dunkle, frühe, aber sehr angenehme Erinnerung an seinen Onkel. Da gab es einen Besuch des Onkels in seinem Elternhaus vor Urzeiten. Den Grund wusste er nicht mehr. Aber er konnte sich an einen Familienausflug in den großen Vergnügungspark erinnern, wo es der Onkel war, der ihm nach einer Karussellfahrt noch eine zweite und dritte bezahlt hatte, was sein Vater, der, wie er heute wusste, wesentlich begüterter war, regungslos zur Kenntnis nahm. Im

Nachhinein, fiel ihm ein, hatte der Vater seinen Bruder als »leichtsinnig« bezeichnet.
Das muss alles mit meinem Entschluss zu tun gehabt haben, Wirtschaftswissenschaften studieren zu wollen, sagte sich der Manager im Flugzeug, wo das Essen mittlerweile abserviert war.

Schon beim ersten Sonntagsessen in der Universitätsstadt hatte der Neffe seinen Onkel als bemerkenswerten, gemessen am Elternhaus originellen Mann empfunden. Er war, nicht körperlich, aber in der Wesensart, tatsächlich der Gegenentwurf zu seinem Vater. Er sprach beim Essen nicht über die gestiegenen Preise, sondern über die Qualität des Rindfleisches, er belehrte seinen Neffen, welche Art von Faserigkeit das Rindfleisch als Kochfleisch disqualifiziert. Von Beruf war er groteskerweise Beamter, Beamter im Finanzministerium in einer unteren Charge und, wie er immer wieder betonte, vorsätzlich unwillig, auch nur eine Stufe aufzusteigen. Er benützte seine Nähe zur Finanzwirtschaft nur zur pausenlosen, zynischen Glossierung aller Maßnahmen und gebrauchte bevorzugt das Wort »Trottelei«. Daher hatte er für die Studienrichtung seines Neffen gerne – allerdings unaggressiven – Spott übrig. Er sagte zum Beispiel das eine oder andere Mal: »Pass auf, dass du nicht auch so ein Trottel wirst.« Der Neffe erklärte, sich da sicher zu sein.

Der Onkel bewohnte mit seiner Frau eine Dreizimmerwohnung in einem dieser großen Komplexe des sozialen Wohnbaus. Also waren die Zimmer klein und die Gegend nicht die erste Wahl. Aber es gab rundum Gaststätten, auch ordentliche, wie der Onkel genau zu unterscheiden wusste, und den wahrscheinlich »besten Metzger der Stadt«. Der Neffe fragte nicht nach dem etwaigen Schuldenstand.

Die sonntäglichen Besuche bei Onkel und Tante wurden Ritual. Ja, es gab eine Tante, aber man hätte sie auch als Köchin mit Familienanschluss bezeichnen können. Ihre Kochleistung dürfte das wesentliche Motiv des Onkels gewesen sein, sie – in zweiter Ehe – zu heiraten. Der Neffe war auf Indizien angewiesen, wenn er sich die Frage nach dem Abhauen der ersten Frau stellte. Seine Eltern hatten einmal gemeint, sie wäre für ihn zu »kultiviert« gewesen, der Neffe neigte bald eher zur Annahme, er ihr zu ehrgeizlos. Die zweite Frau dachte sicherlich nicht in dieser Kategorie. Sie war eine gutmütige, anspruchslose Tochter slowakischer Migranten und beherrschte die Küche der österreichisch-ungarischen Monarchie aus dem Effeff. Sie hatte nur zwei, ständig wiederkehrende Gesprächsthemen. Die Sorge, ob ihre in die Ehe mitgebrachte Tochter, eine Tänzerin des Balletts des Musical-Theaters, von ihrem Dauerfreund, einem Zahnarzt, wohl geheiratet werden würde und ihre Bewunderung für die akademische Laufbahn ihres Neffen. Der Onkel ließ sie immer nur kurz am Wort bleiben, manchmal entschuldigte er sich für die vermeintliche Einfachheit der Speisen, besonders gegen Monatsende, wodurch der Neffe die Theorie der Budgetpolitik am kleinzelligen Beispiel mitstudieren konnte.

Des Onkels beliebtestes Gesprächsthema waren die Vorgänge im Ministerium, die seiner Ansicht nach flächendeckende Dummheit und Unfähigkeit der Umgebung. Er selbst war in der Tat hochintelligent. Das musste der Neffe – zunächst schmerzlich – am Schachbrett erfahren. Eines Sonntags waren ihnen die Gesprächsthemen ausgegangen. Der Neffe wollte nicht unhöflich sein und mit frisch gefülltem Bauch sofort abhauen, da fragte der Onkel – ohne Hoffnung –, ob der Neffe denn Schach spiele. Zu seiner großen Freude bejahte der Neffe. Er hatte das Spiel von seinem Vater gelernt und gelegentlich mit einem Mitschüler praktiziert. Er hielt sich nicht für sehr gut, aber für satisfaktionsfähig. Denn der Mitschüler hatte ihm rasch bewiesen gehabt, dass er vom Vater nichts und wenn, dann was Falsches gelernt hatte. Er empfahl

ihm auch ein traditionelles Schachschulbuch, das der Neffe auch – wollen wir sagen – flüchtig durcharbeitete. Aber immerhin war er in Abiturnähe unter den drei, vier Schach spielenden Kollegen schon ernst genommen.
Der Onkel räumte ein schönes, handgeschnitztes Schach her, orderte streng zwei große Espressi und jammerte während des Aufstellens über das Verschwinden der Schachcafés und das Aussterben der Partner. Dann nahm er einen weißen und einen schwarzen Bauern in die Hände, schloss sie unter dem Tisch zur Faust und ließ den Neffen wählen. Der traf Weiß.
»Freut mich«, sagte der Onkel. »Ich spiele für mein Leben gern Schwarz.«
»Diesen Satz wirst du bald bereuen«, scherzte der Neffe.
Nach 1. e4 e5 und 2. Sf3 spielte der Onkel den Bauern f5. Diesen Zug kannte der Neffe nicht. Er roch ihm nach Provokation und Unterschätzung. Er dachte kurz nach und wählte ein aggressives Gegenspiel. Allzu aggressiv, wie sich bald herausstellte. Er gab relativ frühzeitig auf.
»Es spricht für dich, dass du die nicht mehr weiterspielst«, spottete der Onkel. Er wollte das Brett drehen, da der Neffe ja jetzt Schwarz hatte. Der unterband die Bewegung. »Geh, spiel noch einmal diese

Hochstapler-Eröffnung. Es ist ausgeschlossen, dass die korrekt ist.«

»Gerne«, war die Antwort.

Der Neffe versuchte eine andere Entgegnung und verlor wieder. Er ärgerte sich. Und ärgerte sich über seinen Ärger. »Was ist das denn für ein Scheißzug? Den gibt's doch in der Literatur gar nicht.«

»Du irrst, mein Lieber. Das ist das so genannte Lettische Gambit. Aber du hast mit dem ›Hochstapler‹ insofern recht, als die Großmeister diese Variante widerlegt haben. Du gewinnst damit nichts außer der Überzeugung, wenn Weiß die Entgegnung kennt. Aber ich habe nicht angenommen, dass du …«

»Zeig sie mir.« Der Neffe war lernbegierig. Der Onkel hatte Spaß am Unterrichten.

Nachdem die beiden die Entgegnung ausgiebig analysiert hatten, spielten sie in der Folge orthodoxe Partien. Der Onkel gewann im Verhältnis 3:1. Der Neffe war allerdings intelligent genug zu bemerken, dass die Konzentration des Onkels nach drei Siegen immer nachließ und nach einer Niederlage sofort wieder da war.

Die sonntäglichen Schachnachmittage wurden den beiden zur lieben Gewohnheit. Der Neffe wuchs an der Klasse des Onkels und ließ sich daneben erklären, dass der Computer das kreative Schach vernichtet hätte, dass die Ökonomie der Welt unrettbar aus den Fugen geraten sei und dass das Studienfach Wirtschaftswissenschaften eine idiotische Wahl war. Letzteres glaubte der Neffe seinem Onkel nicht, hatte er doch mittlerweile hinreichend Kenntnisse von den Verdienstchancen im Bereich des gehobenen Managements.

Gegen Ende des Studiums wurden die Sonntagsessen und die Schachpartien seltener. Die Berufung des akademisch graduierten Neffen in einen erstklassigen Job in einer anderen Stadt beendete die Partnerschaft. Der Kontakt beschränkte sich über viele Jahre lang auf Weihnachtskarten, da in der Familie niemand starb und niemand heiratete. Vom Vater hatte er einmal erfahren, dass der Onkel die Frühpensionierung angestrebt und auch erreicht hatte.

Ein anderes Mal, dass ihm auch die zweite Frau davongegangen war. Ihre Tochter hätte sie als Köchin in der Theaterkantine untergebracht. Offenbar hat sie begriffen, dass der Beruf der Magd bei Entlohnung sinnvoller ist, hatte sich der Neffe damals gedacht.

Und jetzt die Mitteilung: »Mein Bruder verkommt.«

Das Flugzeug war im Landeanflug.

Der Neffe hatte beschlossen, das Zeitfenster bis zu einem wichtigen Geschäftstermin auszunutzen. Er wollte den Onkel unbedingt sehen, sich nach seinem Befinden erkundigen. Er meinte, das seinem wunderbaren Schachpartner und Gastgeber schuldig zu sein.

Er sprang in ein Taxi und ließ sich zu dieser vorstädtischen Wohnkastensiedlung fahren. Der Onkel war nicht zuhause.

Der Neffe läutete an einer Nebenwohnung und erfuhr von einer geschwätzigen Nachbarin, um diese Zeit wären die Herren, offenbar also auch der ihre, beim »Böhmischen Landmann« und spielten Karten. Der Neffe ließ sich sagen, dieses Lokal wäre nur zweimal um die Ecke zu finden.

Es war der neue Name für ein ziemlich elendes Gasthaus. Das hätte der Onkel seinerzeit wohl nicht frequentiert, dachte sich der Neffe nach dem Eintreten, als er seinen Blick schweifen ließ. Aus einer Ecke hörte er eine bekannte, aber versoffene Stimme.

»Na, das ist aber eine Überraschung!«

Der Onkel saß da, allzu sehr gealtert, schlecht rasiert und sichtlich nicht ganz nüchtern. Der Neffe wollte ausführen, dass er aufgrund eines beruflichen Termins die Chance nützen wollte … Der Onkel war an Erklärungen desinteressiert.

Er forderte den Neffen auf, mit ihm was zu trinken. Der, wie man sieht, könne sich wohl auch was Besseres leisten. Der Neffe meinte, der nachfolgende Geschäftstermin verböte ihm den Alkohol. Dafür hatte der Onkel wenig Verständnis. Mit Blick auf die Uhr ärgerte er sich über die Unpünktlichkeit seiner Kartenpartner.

»Und was ist mit Schach?«

Der Onkel wurde fast wütend. »Wer spielt denn heute noch? Wer kann's denn noch? Es gibt Lokale, die erlauben es gar nicht mehr!«

Er fasste einen Entschluss.

»Die können mich. Wir gehen zu mir.«

Auf dem kurzen Weg blockte der Onkel Fragen wie »Wie geht's dir?« oder »Wie kam's, dass ...« ab.

»Bist du in Übung? Ich meine im Schach?«

Die Stimme des Onkels hatte etwas Bösartiges.

»Sonst scheint der Wirtschaftswissenschaftler es ja sehr gut getroffen zu haben.«

Der Onkel sperrte die Wohnung auf. Die sah nicht gerade verwahrlost, aber doch ziemlich ungepflegt aus. Als der Onkel pissen ging, besah sich der Neffe die Sache genau und meinte, von den Räumen sei außer der Küche eigentlich nur mehr das Schlafzimmer benützt.

Der Onkel kam mit dem Schach ins Esszimmer, blies den Staub von der Tischplatte und stellte die

Figuren auf. Mit den beiden letzten Bauern ließ er den Neffen wieder wählen. Und der traf wieder Weiß.
Und wieder spielte der Onkel als Schwarzer im 2. Zug f5. Er sah den Neffen höhnisch an. Er hatte vergessen, dass dieser Zug einmal Anlass einer Unterrichtsstunde gewesen war.
»Das Lettische Gambit«, stellte der Neffe fest. »Das traust du dich gegen mich?«
»Woher weißt du, wie das heißt?«
Der Neffe, ein Erfolgsmensch, ein wegen seiner analytischen Fähigkeiten im Beruf überaus geschätzter Mann, spürte in sich Killerinstinkt hochkriechen. Aber gleichzeitig trat ihm der Schweiß auf die Stirn. Er wusste die Entgegnung nicht mehr. Er hatte eine Ahnung, aber eben nur das. Er zog, war sich aber nicht sicher. Zu Recht, wie sich bald herausstellte. Seine Stellung war bald nicht mehr souverän. Er verteidigte sich zäh. Aber der Onkel hatte im Laufe des Lebens die Vernichtungsstrategie automatisiert. Nach langem Widerstand verlor Weiß.
Der Neffe sah seinen Onkel an. Der hatte plötzlich kein Losergesicht mehr.
»Es ist wie im Leben. Wie in der Wirtschaft. Wie in der Politik. Wenn du die Entgegnung nicht kennst, hast du keine Chance.«

Der Neffe hatte den abendlichen Geschäftstermin hinter sich gebracht. Der war unerfreulich gewesen. Da hatte sich eine Betriebsschließung mit zahlreichen Kündigungen nicht vermeiden lassen. Er setzte sich an die Hotelbar. Er verspürte eine nie gekannte Panik. Es war ihm, als wären ihm alle Entgegnungen der Welt abhandengekommen.

Er fühlte sein Ego in den Boden getreten.

Er bestellte sich einen doppelten Kognak und erkundigte sich nach der Hotelnutte. Schon währenddessen verwarf er die Idee. Bringt doch auch nichts mehr, sagte er sich.

Satire, Meinung und Kritik:
Bücher von Werner Schneyder

Die Socken des Kritikers

Werner Schneyder erzählt aus dem Leben von Theaterleuten, Chansonetten, Zauberern, Cellisten, Drehbuchautoren, Pianisten, Tanzlehrern, Architekten. Glasklar, aber immer mit einem Funken Verständnis für die menschliche Unvollkommenheit, zeigt er Menschen im Glanz des Erfolgs oder der komischen Tragik des Scheiterns.

304 Seiten, ISBN 978-3-7844-3170-3

auch als Hörbuch, gelesen von Werner Schneyder
2 CDs, ISBN 978-3-7844-4205-1, Langen*Müller* | **Hörbuch**

Manchmal gehen mir meine Meinungen auf die Nerven. Aber ich habe keine anderen.

»Ich werde nie arbeitslos sein«, so Werner Schneyder einmal über sich selbst, »denn ich bin Meinungsträger.« Er hat mit seinen Ansichten nie zurückgehalten, sondern vertritt sie seit Jahren erfolgreich in Büchern, Kolumnen, Interviews und natürlich im Bühnensolo. Bekenntnisse, teils progressiv, teils konservativ, oft den Disput erzwingend. Für fast alle Lebenslagen: Klartext von einem der bekanntesten Kabarettisten im deutschsprachigen Raum.

240 Seiten, ISBN 978-3-7844-3253-3